YONI UND LINGAM MASSAGE 1

JESUS CEDIEL

Contents

YONI- UND LINGAM MASSAGE

JESUS CEDIEL

Copyright

Copyright © 2023 by JCM PRODUCTIONS

ISBN: 9798859154425

EINFÜHRUNG

DIE ULTIMATIVE ESSENZ DER Massage ist immer ACHTSAMKEIT und PRÄSENZ. Man kann nicht berühren, ohne berührt zu werden. In der tantrischen Massage verschmelzen der Gebende und der Empfangende in einer dynamischen Meditation. Wir nutzen Körperkontakt, um Gesundheit, Harmonie und Vergnügen zu fördern. Wir nutzen den Körperkontakt, um das körperliche und spirituelle Bewusstsein durch bewusste, liebevolle Massage zu erweitern, in einem Zustand der Achtsamkeit und Akzeptanz des anderen, ohne zu urteilen.

Bewusste sinnliche Massage umfasst Berührungen, die aus dem Bewusstsein, der Beobachtung und der Aufmerksamkeit für den Rhythmus von Atmung und Herzschlag entstehen. Einatmen ... ausatmen ...

Diese Massage beinhaltet fließende und rhythmische Berührungen, die das Bewusstsein für Sehnen, Muskeln, Knochen und Organe wecken. Oberflächlicher Druck wechselt sich mit tieferem Druck ab und folgt den Energielinien, die in der chinesischen Akupunktur oder im japanischen Shiat-Shu als "Meridiane" bezeichnet werden. Der physische Körper wird von Spannungen, Ängsten und deren Auswirkungen auf andere Energiezentren befreit.

Die bewusste Sinnesmassage ist eine befreiende Erfahrung, die auf dem Prinzip des richtigen Handelns aus dem Karma-Yoga basiert, das zum Handeln ohne Bindung an das Ergebnis ermutigt. Der Therapeut stimmt sich auf die universelle

Quelle der Liebe ein und kanalisiert durch Berührung heilende und harmonische Energien, die dem Empfänger zugänglich gemacht werden. Durch diesen Prozess gießt der Masseur diese Energien in alle Organe, Drüsen und Chakren des Körpers. Es handelt sich um einen transzendenten Akt, der sich auf das tägliche Leben auswirkt.

Wenn Sie eine bewusste Massage durchführen, ist es wichtig zu erkennen, dass sowohl Sie als auch die Person, die Sie massieren, viel mehr sind als nur physische Körper. Sie bestehen nicht nur aus Materie; sie sind auch eine intelligente und emotionale sowie bewusste und unbewusste Energie. Spüren Sie Ihre Energie, Ihre innere Präsenz, und lassen Sie dann Ihre Energie, Ihre innere Präsenz, mit der Ihren in Resonanz gehen.

Füllen Sie die leeren Räume ... ermutigen Sie die Entleerung derer, die voll sind ... fließen ... atmen ...

Sie sind Meditation in Aktion.

Tanzen ... atmen ... verschmelzen ... trennen ... wieder verschmelzen ... atmen ...

Beobachten Sie, ohne zu urteilen ... denken Sie nicht ... atmen Sie ...

In Workshops zur bewussten Massage lernen Sie zunächst die Technik. Der nächste Schritt besteht darin, sie zu vergessen, sodass sie aus dem Zustand des Nicht-Gedankens heraus angewendet werden kann.

Dieses Buch wurde als Begleitwerk zu den von mir geleiteten Bewusstseinsmassage-Workshops geschaffen. Es dient den Teilnehmern als ein schriftliches Nachschlagewerk zu diesen praktischen und erfahrungsorientierten Kursen. Diese Workshops sind zweifellos wesentlich, um die Fähigkeiten und Fertigkeiten zu entwickeln, die notwendig sind, um ein professioneller Massagepraktiker zu werden.

Zu diesem Zweck habe ich wichtige Aspekte wie die Vorbereitung des Raums, Instrumente, Werkzeuge und Massagegriffe in Abschnitte unterteilt. Zusätzlich gibt es spezielle Abschnitte, die der erotischen und tantrischen Massage gewidmet sind. Außerdem finden Sie einen speziellen Abschnitt über die Zelluläre Gedächtnisbefreiungstherapie (TLMC), die bei der Yoni- und Lingam-Massage angewendet wird.

Die Massage ist eine der ältesten Formen der Medizin. In traditionellen Kulturen, vor allem im Osten, ist die Massage als gesundheitsfördernd anerkannt. Im Westen ist der Wert der Massage im Sport zwar schon seit Langem bekannt, aber erst seit Kurzem wird sie auch in anderen Bereichen der Medizin eingesetzt. Die Wirkungen der Massage sind nicht nur physisch, sondern auch psychisch und gehen sogar darüber hinaus. Einer der Vorteile der Massage ist, dass sowohl das Geben als auch das Empfangen angenehm sind. Es gibt verschiedene Arten von Massagen, je nach dem gewünschten Ergebnis.

Tantra ist ein östlicher esoterischer Weg, der die Sexualität als Mittel der spirituellen Entwicklung nutzt, und die tantrische Massage basiert auf diesen Lehren. Im Westen haben sich medizinische und wissenschaftlich-mechanistische Modelle jahrhundertelang auf Sex als Sanitärsystem konzentriert. Im Osten hingegen wissen die Menschen seit jeher, dass die Sexualität sich in vielen anderen Aspekten entwickelt, von denen der mechanische nur einer ist.

Die tantrische Massage ist eine Form der Körperarbeit, die sich sowohl auf die körperlichen als auch auf die geistigen Aspekte der Sexualität konzentriert. Sie ist ein ganzheitlicher Ansatz zur Heilung und Erweckung von Körper, Geist und Seele. Als eine Form der Energiearbeit nutzt sie Berührung, Atem und Bewegung, um die Energiekanäle des Körpers zu öffnen und ein tiefes Gefühl der Entspannung und Verbindung zu schaffen. Die tantrische Massage kann Menschen dabei helfen, ihre Sexualität zu erforschen, die Verbindung mit ihrem Partner zu vertiefen und ihr allgemeines Wohlbefinden zu steigern.

Das Wissen über Sexualität und ihre verschiedenen Praktiken wurde bereits im berühmten Kamasutra, einem Text der hinduistischen Tradition, beschrieben. Es gilt als das grundlegende Werk über die Liebe in der Sanskrit-Literatur und wurde von Vatsiaiana verfasst. Der vollständige Titel lautet "Vātsyāyana kāma sūtra" (*Die Aphorismen über Sexualität*). Chronologisch gesehen gehört es in die Gupta-Periode (die sich zwischen 240 und 550 n. Chr. entwickelte). Das Kamasutra ist nicht nur ein Buch über Verrenkungen und sexueller Aerobic, sondern vielmehr ein Leitfaden für das Leben, in dem sexuelle Stellungen nur einen kleinen Teil ausmachen. Das Kamasutra ist ein umfassender Leitfaden für ein erfülltes Leben, mit Ratschlägen zu Themen wie Liebe, Ehe, Familie, Beziehungen und sogar Politik.

Die tantrische Massage kann nur aus der Perspektive der östlichen Philosophie vollständig verstanden werden, da sie aus westlicher Sicht nur als Sexualpraktik gewertet wird. Die Tantramassage basiert also auf dem Wissen um den Körper und sein energetisches Potenzial und ist in diesem Sinne mit anderen östlichen Massagen verwandt, wie Ayurveda, Shiatsu usw.

Der westliche Mensch strebt oft nach Zwecken und Zielen, während der Karma Yoga nicht nach Zielen, sondern nach der unmittelbaren Erfahrung selbst strebt. Deshalb wird bei dieser Art von Massage der Orgasmus nicht als alleiniges Ziel angestrebt, sondern der Zweck ist weiter gefasst. Das Ziel ist es, den eigenen Körper und seine erogenen Zonen besser kennenzulernen und ein Gefühl der körperlichen und geistigen Erfüllung zu erlangen. Körperkontakt ist die am häufigsten verwendete Technik, aber auch Federn, Stoffe und Baumwolle können zur Verbesserung der Sinneswahrnehmung eingesetzt werden.

Bewusste Massagetechniken hingegen sind ideal, um die körperliche und emotionale Beziehung eines Paares zu stimulieren. Handelt es sich bei dem Empfänger um einen Mann, muss die Masseurin den Lingam, das männliche Genitalorgan, stimulieren. Handelt es sich bei der Empfängerin um eine Frau, so muss ihre Yoni stimuliert werden.

Der auf die Massage angewandte Tantrismus zielt darauf ab, Sensibilität und Sinnlichkeit zu aktivieren, indem er Berührung und Körpersprache stimuliert. Dem Tantrismus zufolge müssen die Sinne aktiviert werden, weil wir durch sie mit dem Leben in Berührung kommen. In diesem Kontext ist der wichtigste Sinn der tantrischen Massage die bewusste Berührung. Außerdem werden die verwendeten Techniken mit einer angemessenen Atmung kombiniert.

Es ist weniger wichtig, was die Hände tun, als vielmehr, was die geistige Essenz durch die Hände bewirkt. Bewusste Berührung ist eine Erfahrung, die eine Verbindung zur Seele Ihres Partners herstellt.

In der heutigen Gesellschaft, die oft von Konventionen und Hemmungen eingeengt ist, kann es schwierig sein, die Essenz zu erreichen, die unter der Oberfläche liegt. Tantra und Taoismus lehren Sie, Ihrer Intuition zu vertrauen und im gegenwärtigen Moment zu handeln, anstatt auf Daten und Informationen aus der Vergangenheit zu vertrauen.

Die körperlichen und spirituellen Dimensionen, die in der bewussten Massage vorhanden sind, bieten dem Körper verschiedene Vorteile. Sie hilft, sexuelle Funktionsstörungen zu behandeln, das Bewusstsein für den eigenen Körper zu stärken, Müdigkeit zu bekämpfen und die Stimmung zu verbessern.

Abgesehen von den objektiven Vorteilen erinnert uns die tantrische Massage daran, dass es möglich ist, ein Gefühl der Fülle und Lebendigkeit zu erfahren. Das moderne Leben stumpft die Sinne ab, aber in der Intimität des Liebeslebens können diese Befriedigungen wiedererweckt und dank der erotischen und tantrischen Massage eine wunderbare Welt der Lust eröffnet werden.

MODUL I

DIE KUNST DER BEWUSSTEN SEXUALITÄT

WAS IST TANTRA?

Tantra ist eine Kunst und eine Wissenschaft, eine Lebensweise und ein spiritueller Weg. Dem Tantra zufolge entsteht das Universum aus der kosmischen Vereinigung des weiblichen Prinzips (Shakti) und des männlichen Prinzips (Shiva), dem Yin und Yang des Taoismus, der Energie und dem Bewusstsein. Liebe und Sex sind Teil des Ausdrucks dieser universellen Dynamik auf der menschlichen Ebene. Tantra lehrt Sie, an diesem kosmischen Tanz zwischen Shiva und Shakti teilzunehmen und dieses unendliche Fest in Ihrem Alltag zu genießen.

Für Tantra Yoga ist der sexuelle Akt etwas Erhabenes, voller Poesie, Schönheit und spiritueller Verwirklichung. Um die Ekstase in der Liebe zu erreichen, muss man eine lange, erfüllte, intime Beziehung erlebt werden, die das Paar stark bindet und den Genuss aller körperlichen Sinne sowie des Geistes und der Seele einschließt.

Sowohl der Tantrismus als auch der Taoismus streben nach einer Vereinigung von Körper, Geist und Seele, wobei Sex in einem spirituellen Kontext praktiziert wird, der nicht mit dem religiösen zu verwechseln ist.

Seine Wurzeln gehen auf alte schamanische Traditionen und die Ursprünge von Yoga und Taoismus zurück. Tantrische Praktiken gab es in praktisch allen Kulturen, außer in jenen Gesellschaften, die Sex als etwas Unreines betrachteten, das von Gott und dem spirituellen Weg wegführt. Die bekannten Ursprünge reichen bis 8.000 v. Chr. zurück, als sie von den Völkern des Indostan-Tals praktiziert wurden, wo der "Kult des Weiblichen" bereits etabliert war. Später, mit der Invasion der arischen Völker und noch viel später durch die islamische Zivilisation, wurde dieses Wissen verborgen und in den Tempeln und Schulen der damaligen Zeit gelehrt, insbesondere von den höheren Hindu-Kasten.

Das hinduistische Tantra und die alten chinesischen taoistischen Praktiken interagierten schon seit sehr alten Zeiten miteinander und schöpften voneinander. Beide Disziplinen nutzen Sex als Mittel, um Weisheit zu erlangen.

Es ist immer noch schockierend, dass die Kraft, die wir zur Fortpflanzung nutzen, in einigen Religionen als tabu oder sündhaft gilt. Trotz alledem bleibt Tantra geheimnisvoll, denn in Indien, wo es seinen Ursprung hat, wurde es im Laufe der Jahrhunderte zu einer esoterischen und verborgenen Praxis.

In den letzten Jahrzehnten ist Tantra im Westen populär geworden und hat denselben Weg eingeschlagen wie viele andere östliche Disziplinen. Heute gibt es sogar renommierte westliche Ausbilder für das so genannte New-Tantra. Es ist nicht mehr notwendig, nach Indien zu reisen und einen versteckten Tempel aufzusuchen, um einige der Geheimnisse der tantrischen Tradition zu erlernen. All dies kann jetzt nicht weit von zu Hause entfernt gefunden werden.

Tantra wird in zwei Modalitäten unterschieden: Weißes Tantra und Rotes Tantra. Ersteres umfasst tantrische Praktiken, die der Adept allein oder mit einem Partner ausübt: Pranayama, Mudras, Handlungen zur Eindämmung oder Ausdehnung der Energie, Methoden der energetischen Abstimmung, Visualisierungen und weitere Techniken.

Andererseits nutzt das Rote Tantra die Sexualität und die Sinne als direkte Instrumente, um sich mit dem Universum zu verbinden. Ersteres wäre eine Vorbereitung für Letzteres, um eine gewisse Meisterschaft in der Anhebung und Zirkulation der inneren Energie zu erlangen. Diese Fähigkeiten werden dann auf die intimste Arbeit in einer Partnerschaft angewendet, was spezifischer für das Rote Tantra ist.

BEWUSSTSEIN UND ENERGIE

Nach der tantrischen Tradition wurde das Universum aus der Vereinigung von Shiva und Shakti, Energie und Bewusstsein, geboren. Letztendlich wird das Universum als ein großer Akt der Liebe zwischen zwei sich ergänzenden Kräften gesehen.

Nach dieser Tradition sind die gleichen Kräfte, die das Universum formen, im Menschen verkörpert. Shakti, die Energie, die ein schöpferischer, dynamischer Aspekt ist, nimmt die Form der Kundalini an, der latenten Energie, die sich in Form einer Schlange an der Basis der Wirbelsäule zusammengerollt hat und darauf wartet, erweckt zu werden. Shiva, das höchste Bewusstsein und der Zerstörer aller Illusionen, der alles im Gegenwärtigen, Formlosen verwurzelt hält, nimmt seinen Sitz im Psycho-energetischen Zentrum im oberen Bereich des Kopfes ein. Wenn Shiva Shakti erscheint, als ob ein Lichtstrahl alles erhellt, erwacht sie, rollt sich ab und steigt die Wirbelsäule hinauf, mit der einzigen Absicht, mit ihm zu verschmelzen und von ihm genossen zu werden.

In jedem Aspekt der menschlichen Existenz spiegelt sich diese Dichotomie wider: Bewusstsein und Energie, männlich und weiblich. In der Praxis der Massage muss der Masseur beide Elemente in Einklang bringen. Wenn sich Ihr Bewusstsein und Ihre Energie im Hier und Jetzt treffen, wie Shiva und Shakti bei ihrer Begegnung, drückt sich Ihre spirituelle Essenz in der materiellen Welt aus.

Bewusstsein ist ein psychologischer Zustand, der durch Wachheit gekennzeichnet ist, in dem man sich selbst und seine Umgebung wahrnimmt und erkennt. Es ist ein Synonym für Geist, aber nur ein Teil davon: der bewusste Geist.

Das Bewusstsein ist ein Konzept, das wir intuitiv verstehen, aber es ist sehr schwierig, es mit Worten angemessen zu beschreiben. Nun ist das Bewusstsein kein Alles-oder-Nichts-Phänomen; vielmehr gibt es verschiedene Stufen des Bewusstseins und der Selbstwahrnehmung.

Bewusst zu sein bedeutet nicht, sich in spirituellen Extravaganzen zu verlieren, sondern im Hier und Jetzt präsent zu sein. Es gibt eine Zen-Geschichte, die dies sehr gut veranschaulicht.

Es gab einen berühmten Zen-Meister, der viele Besucher empfing, die seine Weisheit suchten.

Eines Tages kam ein junger Mann in sein Haus und suchte Rat auf seinem spirituellen Weg. Der junge Mann hatte eine hohe Meinung von sich selbst und fühlte sich bereit, die rechte Hand eines jeden großen Meisters zu werden.

An diesem Tag regnete es, und als er im Haus des Meisters ankam, zog der junge Mann seine Schuhe aus und ließ seinen Regenschirm draußen, bevor er den Raum betrat. Er verbeugte sich vor dem Meister und sagte, dass er sein Schüler werden wolle.

Der Meister lächelte, sagte aber nichts.

Der junge Mann, dem das Schweigen ein wenig unangenehm war, wiederholte erneut, dass er viel studiert habe und dass er glaubte, dazu berufen zu sein, einer der "Erleuchteten" zu werden.

Der Meister blieb ungerührt.

Der junge Mann begann, weitere Anzeichen von Unbehagen zu zeigen.

Dann fragte ihn der Meister: „Weißt du, auf welcher Seite der Tür du den Schirm und auf welcher Seite der Tür du die Schuhe gelassen hast?"

„N-n-nein", stammelte der junge Mann verwirrt, „warum?"

Der Meister antwortete sehr ruhig:

„Weil das, wonach du suchst, Bewusstsein ist… Und wie kannst du bewusst sein, wenn du nicht einmal weißt, wo du deine Schuhe und deinen Schirm gelassen hast?"

Diese Geschichte veranschaulicht perfekt einen der größten Fehler, den Schüler auf ihrer spirituellen Suche gewöhnlich begehen: Sie verlieren sich in hochfliegenden Idealen, die sie von der gegenwärtigen Realität und damit von ihrer Verwirklichung wegführen.

Der zweite Aspekt ist die Energie. Nach den östlichen Lehren ist Prana die universelle Energie, die alles durchdringt, die eigentliche Essenz des Lebens. Der Unterschied zwischen einem lebenden Menschen und einer Leiche besteht darin, dass erstere über Prana, die Lebensenergie, verfügt, während letztere sie nicht hat. Prana ist die Lebensenergie in uns, das Leben in uns.

Im physischen Körper manifestiert sich dieses Leben durch das Ein- und Ausatmen. Prana ist überall, insbesondere in der Luft. Wir nehmen Prana durch unseren Atem, die Nahrung und unseren Körper auf; die an diesem Prozess beteiligten Organe sind die Nase, die Lunge und die Haut. Die Atmung ist zweifelsohne eine der besten Möglichkeiten, diese Energie aufzunehmen, zu halten und zu lenken. Aus diesem Grund ist es wichtig, zu wissen, wie man richtig atmet.

BEWUSSTSEIN UND ENERGIE IN DER MASSAGE

Die Praxis der Konzentration ist der Weg, die Energie an einem Punkt zu sammeln und sie auf die effektivste Weise in eine bestimmte Richtung zu lenken. Es ist ein Zustand des Gleichgewichts, der Stärke und der wahren Präsenz.

Während der Massage konzentriert sich der Masseur auf das Hara, das Energiezentrum im Unterleib, einige Fingerbreit unterhalb des Nabels.

Die Konzentration auf das Hara ist sowohl für die Massage als auch für die Kampfkünste unerlässlich, da sie es ermöglicht, flexibel und dennoch stark zu sein und zu arbeiten, ohne den Schwerpunkt zu verlieren. Dieser Zustand, der im Osten als Mahamudra oder "Zustand der Geisteslosigkeit" bekannt ist, ist ein intuitiver Zustand, in dem der rationale und analytische Verstand verschwindet. In diesem Zustand verblasst die weltliche Persönlichkeit und macht Platz für die Manifestation der spirituellen Essenz des Einzelnen.

Bevor Sie mit der Massage beginnen, müssen Sie sich einige Minuten lang konzentrieren und die Energie zwischen Ihrem Hara und Ihren Händen verbinden. Setzen Sie sich dazu in eine bequeme Position, entweder auf einen Stuhl mit Rückenlehne, mit gekreuzten Beinen im Lotussitz oder kniend auf dem Boden, gegebenenfalls mit einem Kissen unter dem Gesäß. Schließen Sie die Augen und richten Sie Ihre Aufmerksamkeit nach innen, insbesondere auf Ihre Atmung.

Stellen Sie sich gleichzeitig vor, dass beim Einatmen mit Prana oder Chi (universelle Energie) geladene Luft in Ihren Bauch oder Ihr Hara eindringt. Nachdem Sie diesen Vorgang ein paar Mal durchgeführt haben, stellen Sie sich vor, dass beim Ausatmen die mit Prana oder Chi geladene Luft vom Hara zu den Schultern, die Arme hinunter und durch die Hände hinaus fließt. Sie können sich den Atmungsprozess als einen Fluss von Energie oder weißem Licht vorstellen.

BEWUSSTES ATMEN

Die Atmung ist eine der besten Möglichkeiten, Energie (Prana) aufzunehmen und zu lenken. Die Rishis (vedische Weisen) behaupten, dass Prana im Nervensystem, insbesondere im Solarplexus, gespeichert und akkumuliert werden kann.

Sie sagen auch, dass bestimmte Techniken verwendet werden können, um diesen Pranafluss durch Gedanken zu lenken. Die yogische Wissenschaft der Kontrolle dieser Energie wird Pranayama genannt (prana: Energie, ayama: kontrollieren).

Die bewusste Atmung, die ich im Folgenden lehre, basiert auf diesen Lehren.

Es gibt drei Arten der Atmung: Bauchatmung, Brustatmung und Schlüsselbeinatmung. BEWUSSTES ATMEN ist die Integration aller drei in eine Einzige.

- Bei der Bauchatmung wird eingeatmet, wodurch sich der untere Teil der Lunge mit Luft füllt, das Zwerchfell nach unten gedrückt wird und der Bauch sich nach außen wölbt.

- Bei der Thorax- oder Rippenatmung strömt die Luft in den Brustraum, insbesondere in den Rippenbereich.

- Bei der Schlüsselbeinatmung füllt sich der obere Teil der Lunge, insbesondere die Schlüsselbeine.

Diese drei Atmungsarten konzentrieren sich jeweils auf das Füllen eines anderen Lungenbereichs. Die bewusste Atmung kombiniert alle drei Atmungsarten, um das Ziel zu erreichen, die Lungen vollständig mit Luft zu füllen und sie auch vollständig zu entleeren. Wenn Sie lernen, die drei Atemzüge zu kombinieren, sollten Sie dies zunächst in Rückenlage üben.

Ein Partner sollte als Spiegel (Achtsamkeit) fungieren, indem er eine Hand auf den Bauch und die andere auf die Seite unter die Achselhöhle legt. Dann sollte sie im Sitzen geübt werden. Mit der Zeit wird diese Technik zur Selbstverständlichkeit und kann als Grundlage für fast jede Art von Atmung in der Pranayama-Praxis verwendet werden.

Zu Beginn muss die Lunge mit einer tiefen Ausatmung gut entleert werden.

1. Atmen Sie langsam, sanft und tief ein und spüren Sie dabei, wie die Luft in den Bauchraum strömt, während das Zwerchfell nach unten sinkt. Die Person, die als Spiegel fungiert, sollte merken, wie sich die Hand, die auf dem Bauch ruht, hebt. Der Bauch sollte nicht wie ein Luftballon anschwellen. Es sollte ein entspanntes Einatmen sein, aber mit Kontrolle über die Bauchhöhle. Wenn der untere Teil der Lunge mit Luft gefüllt ist, dann

2. Dehnen Sie die Rippen, ohne sie zu forcieren, so dass noch mehr Luft in die Lunge eindringen kann. Legen Sie die Hand auf die Rippen und achten Sie darauf, wie sie sich ausdehnen. Wenn die Rippen bis zum Maximum gespreizt sind, dann

3. Heben Sie die Schlüsselbeine an, ohne die Schultern zu heben, damit noch et-was mehr Luft in die Lunge eindringen und sie vollständig füllen kann. Während des gesamten Einatmungsvorgangs sollte die Luft nach und nach einströmen, ohne zu ruckeln, gleichmäßig und kontinuierlich.

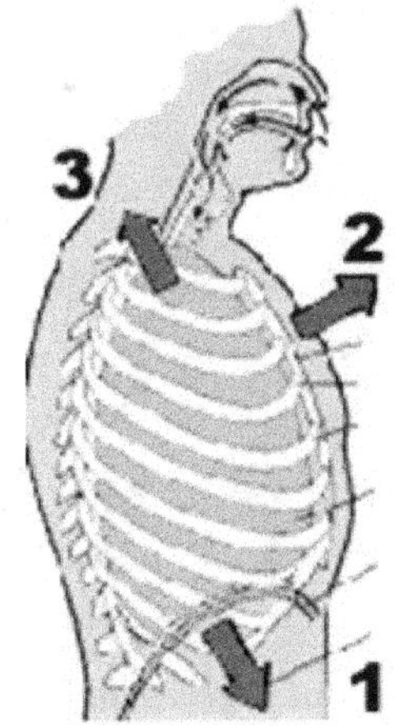

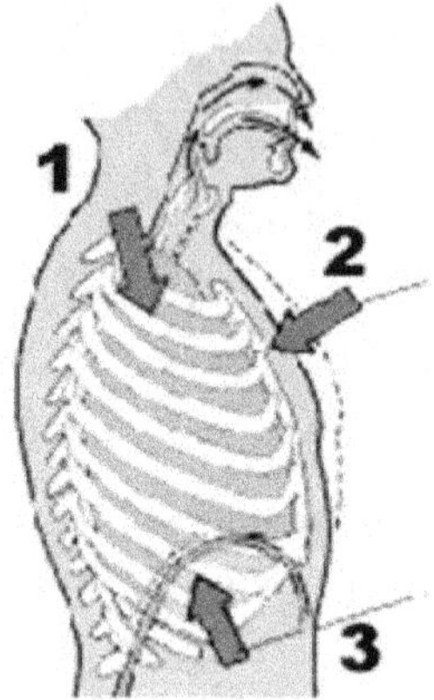

Es ist wichtig zu beachten, dass beim Atmen keine Geräusche gemacht werden sollten. Atmen Sie sowohl beim Einatmen als auch beim Ausatmen sanft und leise. Die Atmung sollte langsam, kontinuierlich und angenehm sein, ohne zu forcieren.

Die gesamte bewusste Aufmerksamkeit sollte auf den Atemvorgang gerichtet sein, so dass die drei Bewegungen der vollständigen Atmung klar erkennbar und dennoch harmonisch integriert sind. Bewusstes Atmen sollte weder Unbehagen noch Ermüdung hervorrufen und kann jederzeit und so oft wie gewünscht praktiziert werden.

Bewusstes Atmen spielt in der tantrischen Praxis eine äußerst wichtige Rolle. In der Massage ist sie von entscheidender Bedeutung, da es den Geisteszustand beeinflusst und gleichzeitig die Menge an verfügbarem Prana oder Chi erhöht und es durch die Massage verteilt.

Die Grundlage des bewussten Atmens, auch unter verschiedenen Namen bekannt, basiert auf der ständigen Schwingungsbewegung, die im Universum zu beobachten ist, da nichts stillsteht.

Vom kleinsten subatomaren Teilchen bis zur Sonne vibriert und rotiert alles.

Auch die Atome des menschlichen Körpers befinden sich in ständiger Schwingung, und die Zellen erneuern sich ständig.

Rhythmus ist ein wesentlicher Bestandteil des Universums. Vom Schlagen des Herzens bis zu den Gezeiten der Ozeane, von den Planeten, die um die Sonne kreisen, bis zu den Sonnen, die um andere zentrale Sonnen kreisen – überall ist Rhythmus vorhanden.

Ein Großteil des Verständnisses des bewussten Atmens beruht auf dem richtigen Verständnis des Gesetzes des Rhythmus.

Durch rhythmisches und bewusstes Atmen ist es möglich, eine große Menge an Energie aufzunehmen und sie für bestimmte Zwecke zu nutzen.

Was genau ist Rhythmisches Atmen?

Rhythmische Atemkontrolle wird seit Langem Instrumentalisten, Sängern und Sportlern beigebracht, da es sich um einen Prozess handelt, der dazu dient, das Bewusstsein in Trancezuständen zu erhöhen und uns den für die Verbesserung der Gesundheit erforderlichen Sauerstoff zuzuführen.

Alle Lehren, die sich auf die Atemkontrolle beziehen, werden im Pranayama Yoga studiert. Yogis orientieren sich bei ihrem Atemrhythmus an ihrem Herzschlag.

Die Herzfrequenz variiert von Mensch zu Mensch, daher ist es ideal, sie als Maßeinheit für die rhythmische Atmung zu verwenden.

Das Studium der yogischen Atmung ist eine Wissenschaft und eine Kunst, die Studium und Hingabe erfordert.

Für die Zwecke der tantrischen Massage studieren wir nur die wesentlichen, aber ausreichenden Aspekte, um die Arbeit des Sammelns von Energien und deren Anwendung auf die Massage in Gang zu setzen.

Wenn Sie die rhythmische Atmung üben wollen, müssen Sie Ihre Aufmerksamkeit auf den Rhythmus Ihres Herzschlags richten und dabei eins, zwei, drei, vier, fünf, sechs ... zählen, bis dieser Rhythmus fest in Ihrem Geist verankert ist.

Mit etwas Übung fällt Ihnen dieser Prozess leicht.

Die Regel für die rhythmische Atmung besagt, dass die Anzahl der Einatmungseinheiten gleich der Anzahl der Ausatmungseinheiten sein muss, während die Anzahl der Verweileinheiten (auch Kumbhaka genannt) die Hälfte der Ein- oder Ausatmungseinheiten betragen muss.

DER SCHLÜSSEL DES TANTRA: SEXFULNESS

Die meisten Menschen, die sich der Welt des bewussten Sex nähern, sind auf der Suche nach Geheimnissen oder Techniken, die es ihnen ermöglichen, Superliebhaber zu werden und so ein unvergleichliches Liebesleben zu genießen. Ich will nicht leugnen, dass es Techniken gibt, die dabei helfen können. Doch der Schlüssel zu bewusstem Sex, zur Sexfulness, liegt in der eigenen Einstellung und in der Geisteshaltung, mit der man an Sex und Liebe herangeht.

Die richtige Einstellung zu kultivieren ist in jedem Bereich des Lebens wichtig. Warum sollte es im Liebesleben anders sein?

Es ist hilfreich, die Bedeutung von Sexfulness zu verstehen, wenn man weiß, woher die Idee stammt, auch wenn einige sie vielleicht schon erahnt haben. Das Konzept der Achtsamkeit wurde im Westen von Jon Kabat-Zinn, einem emeritierten Medizinprofessor, populär gemacht. Er verband einige seiner Zen-, Yoga- und buddhistischen Praktiken mit Konzepten aus der westlichen Wissenschaft, um die Technik der achtsamkeitsbasierten Stressreduktion (MBSR) und die Stressreduktionsklinik zu schaffen.

Ich definiere das Konzept von Sexfulness als "volles sexuelles Gewahrsein", obwohl ich den Begriff "Zustand der vollen sexuellen Aufmerksamkeit" bevorzuge.

Dieser Zustand beruht darauf, ein hohes Maß an Wachsamkeit der fünf Sinne zu erreichen, während man gleichzeitig Gedanken, Emotionen, Körperempfindungen und der Umwelt um einen herum jederzeit Aufmerksamkeit schenkt, ohne zu beurteilen, ob sie richtig oder falsch sind.

Das Ziel von Sexfulness ist es, sich mit der eigenen inneren Essenz zu verbinden und bewusster sowie effektiver auf die sexuellen Ereignisse des eigenen Lebens zu reagieren.

Der nächste Schritt besteht darin, geistige Leere zu erlangen, indem man sich auf die erotischen und emotionalen Empfindungen konzentriert, die man in jedem Moment erlebt. Dies geschieht anstatt sich in Gedanken und Emotionen zu verlieren, die einen entweder in die Vergangenheit oder in die Zukunft führen und somit von der gegenwärtigen erotischen Erfahrung ablenken.

Das Ergebnis ist eine reichere, vollere und lustvollere amouröse Erfahrung.

DER ZUSTAND DER GEDANKENLOSIGKEIT: MAHAMUDRA

Die höchste Form des Denkens ist das Nicht-Denken. Der wahre kosmische Orgasmus wird durch einen Zustand der Gedankenlosigkeit und des inneren Gewahrseins erreicht.

In dem Film *Der letzte Samurai* gibt es eine Szene, in der es dem Helden gelingt, von seinem Ausbilder beim Schwertkampf nicht besiegt zu werden, indem er den Rat befolgt, ohne Verstand zu kämpfen.

In diesem Zustand hat eine Person eine unbewusste Haltung der Wachsamkeit, die es ihr ermöglicht, alle Arten von Handlungen auszuführen, ohne dass die Richtung dieser Handlungen durch Gedanken beeinflusst wird.

Das Ergebnis ist das Erreichen einer extremen Effektivität bei minimalem Energieaufwand, wie es Athleten in Ausdauersportarten oder Kampfsportlern bekannt ist.

Wenn Sie das nicht verstehen können, betrachten Sie einfach die Situation, wenn mehrere Personen an einem Tisch sitzen und plötzlich einer von ihnen versehentlich ein Glas umstößt, das unweigerlich zu Boden fällt. Doch jemand reagiert blitzschnell, hebt das Glas im Flug auf und verhindert so, dass es zerschmettert. Das ist es, was man gemeinhin als gute Reflexe bezeichnet. Derjenige, der so handelt, tut dies aus einem Zustand der Gedankenlosigkeit heraus, das heißt, er hat nicht daran gedacht, dass das Glas fällt und handelt impulsiv, indem er es im Flug aufhebt, bevor es zerspringt. Andernfalls hätte er sonst wertvolle Sekundenbruchteile verloren, die ihn daran gehindert hätten, mit der notwendigen Geschwindigkeit zu handeln, und das Ergebnis wäre ganz anders ausgefallen.

Wie kann man diesen Zustand erreichen? Um den Zustand des Mahamudra erreichen zu können, ist es zunächst sehr wichtig zu wissen, wie der Mensch beschaffen ist, und dann die richtige Übung anzuwenden. Am Anfang ist das nicht einfach, weil wir daran gewöhnt sind, alles, was wir in unserem Alltag sehen und erleben, mit unserem rationalen Verstand zu konzeptualisieren. „Dieser Hund sieht gefährlich aus" oder „Dieses Auto ist über eine Ampel gefahren." Durch aktive und passive Meditationsübungen, Musikübungen, gestische Integrationsübungen und viele andere können wir mit der inneren Welt, die in jedem von uns existiert, in Kontakt kommen und lernen, mit den verschiedenen Energien, die uns umgeben, zu interagieren.

Dies ist der Beginn einer neuen Reise, auf der Sie allmählich erkennen werden, dass die Welt, in der Sie leben, eine Illusion ist, genannt Maya. Das ultimative Ziel ist es, sich von der illusorischen Welt zu lösen und sich wieder mit der wahren Welt zu verbinden, die im Laufe der Geschichte verschiedene Namen erhalten hat, wie Satori, Nirvana, Samadhi oder Moksha.

Die höchste Form des Denkens ist das Nicht-Denken.

Wenn alle äußeren Aktivitäten aufhören,

wenn der Geist nicht mehr aufgewühlt ist,

wenn er ruhig wird,

wenn die Gedanken, die subtilen Formen, aber doch alle Formen, verschwinden,

dann erscheint Formlosigkeit, Leerheit.

Die Form unterscheidet sich nicht von der Leerheit, die Leerheit unterscheidet sich nicht von der Form;

Form ist Leerheit, Leerheit ist Form.

Leerheit ist ein klares und präzises Wort, das die formlose und unpersönliche Natur der Wesen ausdrückt.

Und das Erreichen der geistigen Leere ist ein Hinweis darauf, dass man den Zustand der absoluten Abwesenheit des pluralisierten "Ich" erreicht hat.

ERLEUCHTUNG.

Jesús Cediel

MODUL II
DIE ESSENZ DER MASSAGE

Die Massage ist eine energetische Bewegung, die durch Berührung in zwei Richtungen erfolgt. Sie ist ein energetischer Austausch; man kann nicht berühren, ohne berührt zu werden.

Die Hände fungieren sowohl als Gebende als auch Empfangende, während die Haut sowohl empfängt als auch gibt. Durch die Hände entdeckt man die Person, die gibt, und durch die Haut entdeckt man den Zauber der Berührung.

Bis zu einem gewissen Grad sind die Begriffe "Geber" und "Empfänger" nicht vollständig zutreffend; es geht eher um das Teilen als um Geben und Nehmen. Beide müssen geben und empfänglich sein; der Empfänger muss bereit sein, dem Gebenden zu vertrauen und sich ihm hinzugeben.

Auf einer höheren Ebene ist die Massage, wenn sie aus einem Zustand innerer Präsenz heraus durchgeführt wird, eine höhere Form der Meditation.

PHASEN DES LERNENS

Lernen ist der Prozess der Aneignung von Wissen, Fähigkeiten und Einstellungen durch Studium, Lehre oder Erfahrung. In jeder Disziplin gibt es drei Phasen des Lernens, und die auch im Fall der Massage erfüllt werden. Sie müssen sich ihrer bewusst sein, denn das hilft, jederzeit zu wissen, in welchem Teil des Lernprozesses Sie sich befinden, um Enttäuschungen und möglichen Abbrüchen vorzubeugen. Dies sind die drei Phasen, die derjenige durchläuft, der die Kunst der Massage erlernen möchte:

- PHASE DER UNWISSENHEIT. Die erste Phase ist die primitive Phase der Unwissenheit. In dieser Phase weiß die Person nichts über Massage, Massagearten, Handgriffe usw. Wenn sie eine Massage geben muss, handelt sie instinktiv und denkt nicht über die richtige Vorgehensweise nach. Der Schüler ist unbeholfen und muss nachdenken, handelt jedoch größtenteils instinktiv.

- LERNPHASE Die zweite Phase wird als Verfeinerungs- oder Lernphase bezeichnet. Der Schüler beginnt sowohl theoretisch als auch praktisch zu lernen, indem er verschiedene Massagetechniken anwendet.

Während dieser Lehrzeit erwirbt der Schüler die wissenschaftlichen Kenntnisse, auf denen die Massage beruht. Dabei verliert er aber seinen natürlichen und instinktiven Zustand und verwandelt sie in etwas Mechanisches, während sein Verstand analysiert und analytisch denkt.

In diesem Stadium wird eine Massage nicht mehr als eine Massage empfunden, sondern eher als Anwendung verschiedener Massagegriffe und -techniken und -stile, sowie die Betrachtung unterschiedlicher Massageschulen und Modalitäten.

Sie denken beispielsweise darüber nach, dass sie eine Shiat-Su-Massage oder eine tantrische Massage geben.. Die meisten Schüler bleiben in dieser Phase.

- PHASE VON MAHAMUDRA ODER OHNE GEIST. Die dritte und letzte Stufe wird durch die Praxis erreicht. Der Schüler erkennt, dass eine Massage wieder zu einer Massage wird. Er transzendiert die erlernten Techniken und Mechanismen, und wenn er eine Massage gibt, fließt sie wie Wasser. Er denkt nicht mehr nach, analysiert nicht mehr, sondern handelt und drückt sich aus seiner inneren Essenz heraus. Der bewusste Verstand weicht dem Unterbewusstsein.

DER MASSIERENDE

In diesem Abschnitt werde ich einige wichtige Tipps für die massierende Person auflisten:

- Es ist sehr wichtig, dass Sie sich wohl fühlen und sich frei bewegen können. Daher ist es ratsam, bequeme und lockere Kleidung zu tragen.

- Bevor Sie mit der Massage beginnen, sollten Sie sich gründlich reinigen und darauf achten, dass Ihre Nägel kurz sind. Legen Sie alle Ringe, Uhren und Anhänger ab, die Sie vielleicht tragen.

- Bitten Sie auch den Empfänger, Kleidung, Halsketten, Armbänder oder andere Gegenstände abzulegen, die ihn stören könnten.

- Wenn Sie Öl verwenden, sollte der Empfänger vorzugsweise nackt sein, jedoch ist es wichtig, immer die Wünsche der anderen Person zu respektieren. Wenn sie sich teilweise bekleidet wohler fühlt, sollte das berücksichtigt werden.

- Machen Sie es Ihrem Partner bequem, indem Sie eine geeignete Umgebung schaffen (wie im nächsten Abschnitt beschrieben), indem Sie auf Wunsch Kissen unter die Knie und den Unterleib legen.

- Ermutigen Sie den Empfänger, sich zu entspannen und sich auf die Massage zu konzentrieren. Er sollte versuchen, nicht mehr an andere Dinge zu denken und sich von allen Sorgen befreien.

- Versuchen Sie, während der Massage entspannt und konzentriert zu sein. Beginnen Sie die Massage nicht in einer unbequemen Position, und erwarten Sie nicht, dass dieses Unbehagen verschwinden wird. Das wird höchstwahrscheinlich nicht der Fall sein, und Sie könnten diese Spannung auf Ihren Partner übertragen.

- Ihr Wohlbefinden hängt direkt von Ihrer Körperhaltung und Ihrer Atmung ab. Egal ob Sie sitzen, knien oder stehen, streben Sie eine ausgeglichene und entspannte Position ein.

- Halten Sie Ihren Rücken gerade und vermeiden Sie es, ihn zu biegen oder zu krümmen.

- Die Massagebewegungen sollten vom Hara, dem Bauch, und dem Becken ausgehen und den ganzen Körper einbeziehen, nicht nur die Hände und Arme.

- Durch rhythmisches Atmen und das natürliche Fließen lassen Ihres Körpers können Sie Ermüdungserscheinungen in hohem Maße vermeiden.

- Ihre Haltung Ihrem Gegenüber gegenüber ist von entscheidender Bedeutung. Sie sollten jede Sitzung als eine meditative Erfahrung betrachten und ihr Interesse und Respekt entgegenbringen.

- Beginnen Sie keine Massagesitzung, wenn Sie besorgt sind, sich unwohl fühlen oder schlechte Laune haben. Dies würde Ihnen Energie entziehen und sich auch auf die andere Person übertragen.

- Konzentrieren Sie Ihre ganze Aufmerksamkeit auf das "Hier" und "Jetzt". Die meisten Menschen verbringen ihr Leben damit, über die Vergangenheit und die Zukunft nachzudenken. Schenken Sie der Person, die Sie massieren, Ihre volle Aufmerksamkeit. Handeln Sie nicht automatisch, wenn Sie über etwas nachdenken, das nichts mit dem zu tun hat, was gerade im Massageraum geschieht.

- Wenn Sie während der Arbeit abgelenkt sind, versuchen Sie, Ihre Aufmerksamkeit zurückzugewinnen, indem Sie sich auf Ihre Atmung konzentrieren.

- Ich empfehle Ihnen immer, am Ende der Massage Ihre Hände und Ihren Körper zu waschen, um sich zu lösen und zu reinigen.

SCHAFFUNG EINES ARBEITSPLATZES

Aus professioneller Sicht ist es ratsam, vor Beginn der Massagesitzung alles vorzubereiten. Wenn Sie gezwungen sind, aufzustehen, um beispielsweise einen anderen Ofen oder mehr Öl zu holen, beeinträchtigt dies die Kontinuität und das Ergebnis der Sitzung.

Entspannung ist einer der grundlegenden Aspekte jeder Massageform, und alle Bemühungen, einen ruhigen und bequemen Ort zu schaffen, werden sich auf die Wirksamkeit der Behandlung auswirken. Nachfolgend finden Sie einige der Faktoren, die für die Schaffung eines geeigneten Ortes für Massagen entscheidend sind:

TEMPERATUR

Der Raum sollte warm, frei von Zugluft sein, insbesondere für Ölmassagen. Die ideale Temperatur liegt bei etwa 25º.

Es ist zweckmäßig, ein großes Handtuch oder eine Decke bereitzuhalten, um die Person am Ende oder während der Behandlung zuzudecken, wenn sie sich zu irgendeinem Zeitpunkt kalt fühlt.

RICHTIGE BELEUCHTUNG

Die Beleuchtung sollte gedämpft und indirekt sein, um eine nicht aggressive Atmosphäre zu schaffen. Direktes Licht kann die Entspannung der Augen beeinträchtigen. Daher sollten Deckenleuchten über der massierten Person vermieden werden. Kerzenlicht kann eine ideale Alternative sein.

Auch die Farbe der Beleuchtung hat einen Einfluss. Blau wirkt zum Beispiel entspannend, während Rot oder Orange belebend wirken. Je nach gewünschter Wirkung können wir mit den Farben spielen.

MUSIK

Je mehr Sinne Sie in das Erlebnis einbeziehen, desto besser ist das Ergebnis. Für die Ohren sollten Sie Musik verwenden, die Körper und Geist entspannt, und nicht Ihren Lieblingssong, der den Geist aktiviert und Sie zum Nachdenken anregt. Die verwendete Musik sollte entspannend und im Hintergrund nicht wahrnehmbar sein.

GERUCHSAMBIENTE

Es können Parfums verwendet werden, jedoch sollten sanfte und beruhigende Düfte bevorzugt werden.

Weihrauch, Patchouli oder Amber können als aggressiv empfunden werden. Alternativ können Düfte, die auf natürlichen Aromen basieren,(wie Blumen oder andere beruhigende Essenzen, eine angenehme Wahl sein.

ARBEITSPLATZ

- Die Massage kann auf einer Liege oder auf dem Boden ausgeübt werden, obwohl es Massagearten gibt, die für den einen oder anderen Ort besser geeignet sind. Die tantrische Massage kann auf der Liege oder auf dem Boden durchgeführt werden, wobei der Boden ideal ist. Hier ist die Verbindung zwischen dem Gebenden und dem Empfangenden größer, da sie sich auf der gleichen Ebene befinden, im Gegensatz zur Liege, wo sie auf unterschiedlichen Höhen liegen.

- Alle Massagen können auf dem Boden durchgeführt werden. In diesem Fall ist es wichtig, dass der Masseur die richtigen Haltungstechniken beherrscht, um keine Beschwerden zu erleiden und diese auf den Patienten zu übertragen. Die Massage auf dem Boden ermöglicht eine größere Einheit mit dem Patienten, weshalb sie besonders für die tantrische Massage empfohlen wird. Die Bereiche auf dem Boden sind:

- Futton

- Holzbelag

- Tatami

- Liege

- Bei Teppichböden reicht es aus, eine gefaltete und mit einem Laken bedeckte Decke auszubreiten, wenn Öl aufgetragen wird.

- Ist der Boden jedoch hart, kann es notwendig sein, eine Schaumstoffmatratze mit einer Dicke von 2 bis 5 cm auszulegen. Steht diese nicht zur Verfügung, können auch mehrere Decken übereinander gelegt werden. Die gepolsterte Unterlage sollte über den von der massierten Person genutzten Raum hinausgehen, um die eigenen Knie des Masseurs bei Bewegungen und Positionswechseln während der Massage zu schützen. Es ist auch ratsam, Knieschützer zu verwenden, wie sie von Bauarbeitern verwendet werden, die preiswert und leicht zu finden sind.

- Wenn Sie beabsichtigen, ein professioneller Masseur zu werden, lohnt es sich, ein wenig Geld in den Kauf einer Massageliege zu investieren, da diese viel bequemer ist und es Ihnen ermöglicht, alle Körperteile zu erreichen, ohne sich zu sehr bücken zu müssen. Außerdem ist es einfacher, sich von einer Seite zur anderen zu bewegen, ohne die Person zu stören oder die Behandlung zu unterbrechen.

- Die Unterlage, auf der die Massage durchgeführt wird, sollte fest sein. Verwenden Sie niemals ein weiches Bett oder eine Federkernmatratze, da jeglicher Druck von der Matratze und nicht von der Person aufgenommen wird.

DEKORATION

Wenn Sie sich der professionellen Tantramassage widmen wollen, ist die Gestaltung des Massageraums wichtig. Durch die Platzierung von Stoffen, Bildern und Möbeln können Sie sowohl eine entspannte und intime als auch eine gepflegte und professionelle Atmosphäre schaffen.

MASSAGETYPEN

Von einem allgemeinen Standpunkt aus können wir Massagen in zwei Typen unterteilen:

1. **REIBUNGSMASSAGE** Öl oder ein gleitendes Medium wird verwendet. In dieser Kategorie sind die meisten Massagen enthalten, wie zum Beispiel Sportmassage, Cyriax, Schwedische Massage, Ayurveda-Massage, Kalifornische Massage, usw.

2. **DRUCKMASSAGE.** Es wird kein gleitendes Medium verwendet. Hierbei handelt es sich um Drucktherapien wie die japanische Shiatsu-Massage oder die chinesische Tui-Na-Massage.

In der tantrischen Massage, die ich in meinen Kursen anbiete, erfolgt eine Integration von Werkzeugen und Verfahren beider Typen, was es dem Schüler ermöglicht, größere Möglichkeiten und eine breitere Palette zu haben. Die übliche Reihenfolge sollte im Allgemeinen wie folgt sein: Beginnen Sie mit der Druckmassage, gefolgt von der Ölmassage. Auf diese Weise behalten wir die Bewegungen ohne Öl für den Anfang bei.

GRUNDTECHNIKEN DER MASSAGE

Wir können sieben grundlegende Techniken der Massage auflisten:

1. Streichung

2. Kneten

3. Klopfen

4. Vibration

5. Kompression

6. Triggerpunkt-Therapie

7. Myofasziale Freisetzung: Anwenden von anhaltendem Druck auf das Faszien Gewebe (Bindegewebe), um Schmerzen zu reduzieren und die Beweglichkeit zu verbessern.

STREICHUNG

Sanfte und fließende Bewegungen mit den Händen über die Haut des Empfängers. Diese Technik wird häufig zu Beginn und am Ende einer Massage eingesetzt, um den Körper zu entspannen und die Durchblutung zu fördern.

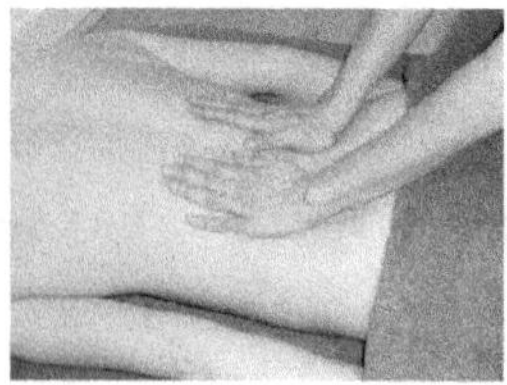

KNETEN

Das Kneten und Drücken der Muskeln und des Gewebes, ähnlich dem Kneten von Teig. Diese Technik zielt darauf ab, Verspannungen zu lösen, die Durchblutung zu steigern und die Flexibilität der Muskulatur zu verbessern.

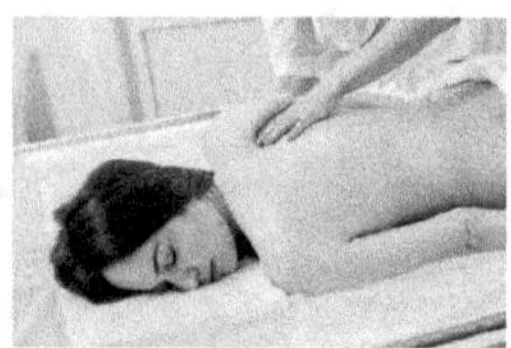

KLOPFEN

Rhythmische Schlag- oder Klopfbewegungen auf der Körperoberfläche mit den Händen oder Fingern. Tapotement kann die Durchblutung fördern, die Muskulatur stimulieren und Spannungen abbauen.

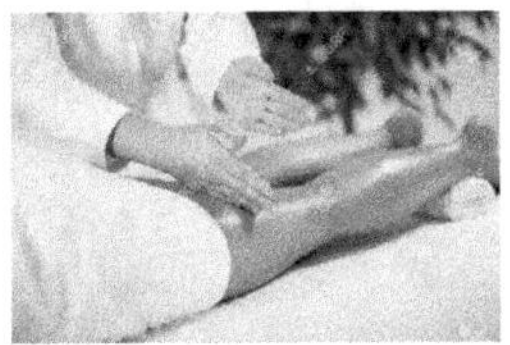

VIBRATION

Leichte schüttelnde oder zitternde Bewegungen, die auf den Körper übertragen werden. Die Vibrations-Technik zielt darauf ab, die Muskulatur zu entspannen und das allgemeine Wohlbefinden zu steigern.

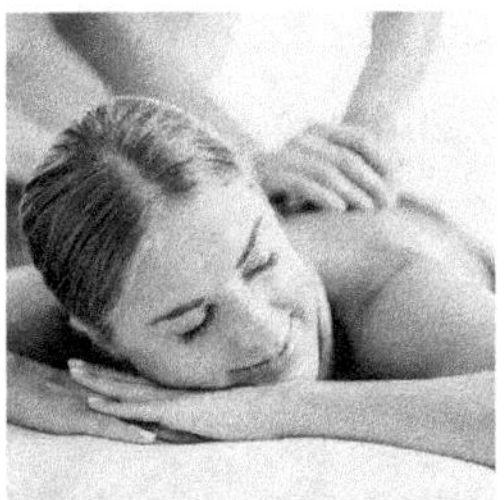

KOMPRESSION

Das Anwenden von festem und kontrolliertem Druck auf bestimmte Körperbereiche mit den Händen, Fingern oder Ellbogen. Diese Technik kann dazu beitragen, muskuläre Verspannungen zu lösen und die Durchblutung zu verbessern.

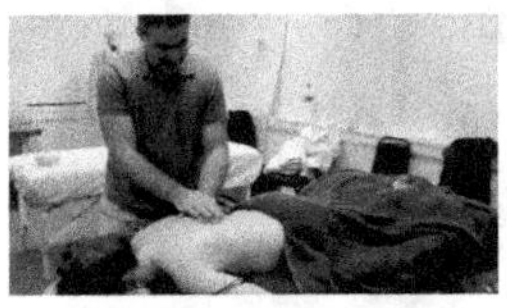

TRIGGERPUNKT-THERAPIE

Diese Technik beinhaltet das gezielte Anwenden von Druck auf schmerzhafte Triggerpunkte in den Muskeln, um Verspannungen zu lösen und Schmerzen zu lindern.

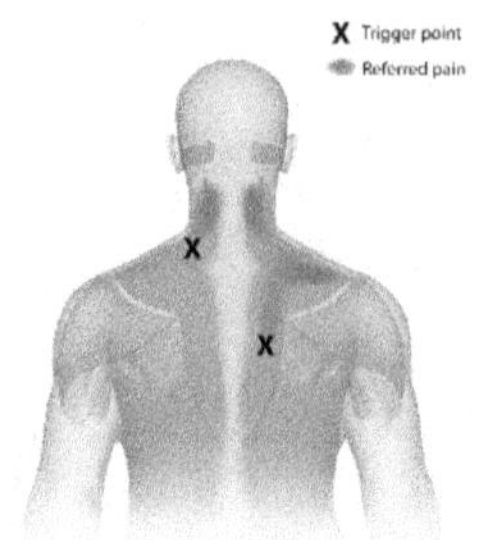

MYOFASZIALE FREISETZUNG

Durch das Anwenden von anhaltendem Druck auf das Faszien Gewebe (Bindegewebe) wird versucht, Verklebungen zu lösen, Schmerzen zu reduzieren und die Beweglichkeit zu verbessern. Diese Technik konzentriert sich auf das Bindegewebe, das Muskeln umgibt.

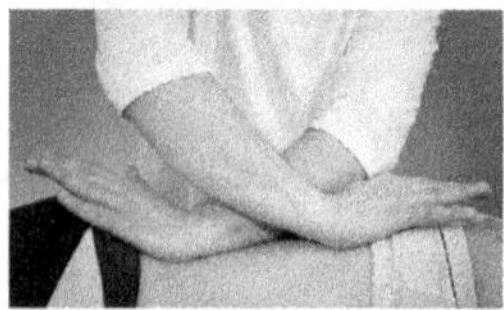

DRUCKMASSAGE

Die Druckmassage ist aus dem japanischen Shiat-Su und dem chinesischen Tui-Na hervorgegangen. Bei beiden handelt es sich um eine Reihe von Therapien, die auf der Anwendung von Druck auf Akupunkturpunkte beruhen und darauf abzielen, die Energie des Körpers auszugleichen und die Gesundheit zu fördern. Obwohl der Name "Fingerdruck" oder "Akupressur" bedeutet, wird der Druck auch auf andere Teile der Hand sowie auf die Ellbogen, Knie und sogar die Füße ausgeübt.

Nach der chinesischen und japanischen Medizin gibt es eine Lebenskraft, die als Chi oder Ki bezeichnet wird. Diese Energie fließt im ganzen Körper durch 12 bilaterale Kanäle, die miteinander kommunizieren und als Energiemeridiane bezeichnet werden. Jeder Meridian steht mit einem Organ oder einer psychophysischen Funktion in Verbindung, und das Ki kann an bestimmten Punkten entlang seines Weges beeinflusst werden: die bekannten Akupunkturpunkte, die in Japan als Tsubos bekannt sind.

Bei Gesundheit ist das Chi im Gleichgewicht und fließt gleichmäßig entlang der Meridiane, während es bei Krankheit nicht mehr gleichmäßig fließt und in einigen Bereichen reichlich und in anderen wenig vorhanden ist.

MASSAGEÖL

Um große Bereiche des Körpers Ihres Partners zu massieren, benötigen Sie ein Öl für die Haut und ein Gleitmittel für die Genitalien.

Das Massageöl wird für die Körpermassage verwendet. Für die Gesichtsmassage verwenden Sie eine Feuchtigkeitscreme oder gar nichts.

Es gibt verschiedene Arten von Ölen. Johnson's Aloe Vera (grüne Kappe) ist sehr empfehlenswert. Es kann mit Badezusatz vermindert werden, wenn Sie ein erfrischendes Gefühl erzeugen wollen.

Meeresalgenöl ist in seinen beiden Formen, belebend und entspannend, sehr zu empfehlen.

Mandelöl ist ebenfalls sehr angenehm.

Für die Yoni-Massage können Sie eines der vielen auf dem Markt erhältlichen Gleitmittel verwenden. Gleitmittel können in zwei Gruppen eingeteilt werden: Gleitmittel auf Ölbasis (Erdölbasis), wie Vaseline oder Silikon, und Gleitmittel auf Wasserbasis.

Schmiermittel auf Wasserbasis haben das Problem, dass sie austrocknen und neu aufgetragen werden müssen. Schmiermittel auf Ölbasis sind gleitfähiger und erleichtern die Schmierung erheblich, da sie nicht austrocknen.

ÖL-RITUELL

Bevor Sie ein Körperteil bearbeiten, sollten Sie ihn mit Öl benetzen.

Übertreiben Sie es nicht. Verwenden Sie nur so viel Öl, dass die Hände sanft und gleichmäßig gleiten, ohne lästige Reibung oder Verklemmungen. Wenn der Körper zu stark mit Öl getränkt ist, ist kein richtiger Kontakt mehr möglich.

Es empfiehlt sich, das Öl vorher leicht zu erwärmen, indem man es entweder in heißes Wasser legt oder neben einen Herd stellt. Es gibt auch spezielle Utensilien zum Erhitzen des Öls.

Das Öl wird zunächst auf die Hände gegossen und dann von den Händen aus auf dem Körper verteilt.

Das Gefühl des ersten Kontakts ist entscheidend. Nachdem Sie das Öl gleichmäßig auf Ihren Händen verteilt haben, bewegen Sie diese ganz langsam über den Körper, den Sie massieren wollen.

Wenn Sie zu Beginn der Massage das Öl verteilen, wird es auf dem ganzen Körper verteilt, unabhängig davon, an welcher Stelle Sie arbeiten. Auf diese Weise erkennt man die Einheit der Person. Da die meisten Öle schnell von der Haut aufgenommen werden, ist es notwendig, die Öle auf jede Körperpartie aufzutragen, während Sie an diesen Stellen arbeiten.

Auch wenn die Massage in verschiedenen Bereichen durchgeführt wird, sollte sie immer so erfolgen, dass die Einheit integriert wird. Daher sollte das Öl leicht auf dem ganzen Körper verteilt werden, auch wenn in den Bereichen, an denen konkreter gearbeitet wird, mehr Öl aufgetragen wird.

Wann immer Sie Öl auftragen müssen, denken Sie daran, eine Hand in Kontakt mit dem Rücken des Körpers zu halten, während Sie das Öl in die Handfläche gießen.

Wenn Sie aus irgendeinem Grund den Körperkontakt kurzzeitig unterbrechen müssen, können Sie auch die Hand des Patienten benutzen, indem Sie sie auf die Körperstelle legen, an der gerade massiert wird. Auf diese Weise fungiert die Hand des Patienten als Erweiterung der Hand des Masseurs. Das ist zwar nicht die beste Lösung, aber eine Alternative.

MODUL III

DIE DYNAMIK DER MASSAGE

ACHT VORBEREITENDE SCHRITTE FÜR IHRE INTIME TANTRISCHE MASSAGESITZUNG

Die tantrische Massage kann sowohl professionell als auch intim für das Wachstum Ihrer intimen Beziehungen genutzt werden. Im Folgenden beschreibe ich die 8 Schritte, die Sie gemeinsam mit Ihrem Partner auf einer intimen Ebene unternehmen könnten:

- **SCHRITT 1.** Legen Sie ein Datum und eine Uhrzeit für Ihre tantrische Sitzung mit Ihrem Partner fest. Nehmen Sie sich zwei Stunden Zeit und versuchen Sie nicht, in letzter Minute etwas zu ändern, selbst wenn Sie müde sind. Diese Sitzung wird Ihren Körper und Ihre Energien neu beleben.

- **ZWEITER SCHRITT.** Es ist wichtig, aufgeschlossen und vorurteilsfrei zu sein. Viele Menschen finden die Praxis, sich gegenseitig in die Augen zu schauen, zunächst seltsam und ein bisschen albern ... bis sie es tatsächlich tun.

- **DRITTER SCHRITT.** Gestalten Sie den Ort der Begegnung, Ihren heiligen Tempel, auf eine Weise, die dem Ereignis angemessen ist. Verwenden Sie Dekoration wie Blumen oder Weihrauch, farbige Kerzen, Rosenblätter auf dem Boden, frische Früchte, passende Musik sowie eine angenehme Temperatur und

Beleuchtung, um eine besondere Atmosphäre zu schaffen. Verwandeln Sie Ihr Schlafzimmer in einen magischen Ort der Liebe.

- **VIERTER SCHRITT.** Bevor Sie beginnen, nehmen Sie ein entspannendes Bad.

- **FÜNFTER SCHRITT.** Meditieren Sie gemeinsam, um Ihren Geist von den täglichen Aktivitäten zu beruhigen und Ihre Herzen miteinander zu verbinden. Setzen Sie sich mit geschlossenen Augen einander gegenüber. Atmen Sie sanft, tief und ruhig, entspannt, aber achtsam. Spüren Sie das Bewusstsein und die Präsenz. Alternativ können Sie auch eine geführte Meditation verwenden.

- **SECHSTER SCHRITT.** Als Nächstes ist es an der Zeit, 5 bis 10 Minuten lang tief in die Augen zu schauen, denn diese sind der Spiegel der Seele. Das mag Ihnen zunächst lang vorkommen, aber wenn Sie sich auf einer energetischen Ebene verbinden, werden Sie feststellen, dass das Ergebnis entzückend ist.

- **SIEBTER SCHRITT.** Der nächste Schritt ist das Sitzen in der Yab-Yum Position, der Position der Umarmung. Dabei sitzt die Frau auf den Beinen des Mannes (bekleidet oder nackt), während beide einander umarmen. Spüren Sie die Atmung Ihres Partners im Rhythmus mit Ihrer eigenen. So kann der Geist abschalten und die Körper können sich aufeinander einstimmen.

- **ACHTER SCHRITT.** Nach 5 bis 10 Minuten in der Yab-Yum ist es Zeit für den tantrischen Kuss. Stellen Sie sich vor, dass Sie den Atem miteinander austauschen. Führen Sie dann Ihre Lippen zu einem weichen und süßen Kuss zusammen. Erlauben Sie Ihren Lippen, in einem LANGSAMEN sinnlichen Kuss zu verschmelzen. Entspannen Sie sich und genießen Sie den Kuss aus der Gegenwart heraus, aus dem Hier und Jetzt.

Jetzt sind Sie bereit, die bewusste Massage zu geben und zu empfangen. Diese Massage ist nicht auf den Orgasmus ausgerichtet. Versuchen Sie also nicht, darauf hinzuarbeiten, sondern genießen Sie einfach das Vergnügen. Wenn Sie sich entscheiden, Liebe zu machen, überstürzen Sie es nicht. Erlauben Sie der Penetration, auf natürliche Weise zu geschehen, ohne jede Anstrengung. Ich wünsche Ihnen eine glückliche tantrische Sitzung.

DER GRUNDLEGENDE ABLAUF DER TANTRISCHEN MASSAGE

Es ist viel einfacher, die Massagetechnik zu erlernen, wenn sie in einzelne Teile zerlegt wird. Allerdings müssen wir verstehen und uns immer vor Augen halten, dass wir es mit einem einheitlichen Ganzen zu tun haben.

Wir beginnen mit der **VERBINDUNG**, einem Manöver, das, wie der Name schon sagt, darin besteht, sich mit der Person zu verbinden. Dazu werden die Hände auf den Körper gelegt und es wird rhythmisch geatmet, um eine Verbindung mit dem Partner oder Patienten herzustellen.

Es folgen Druckmanöver, für die kein Öl benötigt wird, bevor man zu Reibungsmanövern mit Öl übergeht. Um das Lernen zu erleichtern und dem Schüler so viele Werkzeuge wie möglich an die Hand zu geben, habe ich in diesem Buch die Druckmassage und die Ölmassage in jedem der von mir behandelten Bereiche getrennt. Mit etwas Übung werden Sie feststellen, dass diese Trennung illusorisch ist und dass die Anwendung der verschiedenen Manöver von jedem einzelnen Fall abhängt. Mit der Zeit werden Sie eine Reihe von Manövern wählen, mit denen Sie sich wohler fühlen als mit anderen.

Beginnen Sie mit der Rückenmassage und arbeiten Sie sich von Kopf bis Fuß vor.

Dann drehen Sie den Patienten um und arbeiten sich wieder nach unten vor.

Die Reihenfolge ist wie folgt:

1º) **DER RÜCKEN.** Beginnen Sie mit einer Massage des gesamten Rückens, einschließlich der Schultern, Schulterblätter und des oberen Rückens. Dann konzentrieren Sie sich auf den unteren Rücken, das Gesäß und die Seiten des Rumpfes, bevor Sie sich der Wirbelsäule widmen.

2º) RÜCKSEITE DER BEINE UND FÜSSE. Bearbeiten Sie das Bein von oben nach unten, beginnend mit dem Fuß.

3º) NACKEN UND SCHULTERN. Auf der Vorderseite des Körpers massieren Sie gleichzeitig die Vorder- und Rückseite der Schultern. Anschließend arbeiten Sie an jeder Schulter, während der Kopf gedreht wird.

4º) KOPF UND GESICHT. Massieren Sie zuerst die Kopfhaut und dann das Gesicht. Beginnen Sie die Gesichtsmassage mit der Stirn und arbeiten Sie sich bis zum Kinn vor, wobei die Bewegungen von der Mitte zu den Seiten hin erfolgen.

5º) ARME UND HÄNDE. Beginnen Sie vom Nacken aus mit allgemeinen Bewegungen nach außen und unten. Dann nach oben arbeiten.

6º) RUMPF UND UNTERLEIB. Massieren Sie den Brustkorb und die Seiten, bevor Sie vom oberen Bereich des Bauches herunter zum Bauch und um ihn herum arbeiten, dann an den Seiten nach oben.

7º) VORDERSEITE DER BEINE. Massieren Sie von unten nach oben.

8º) YONI-ODER LINGAM-MASSAGE.

Zwischen den einzelnen Zonen sollten alle Körperteile durch lange Verbindungsgänge verbunden werden oder durch kurzes Auflegen der Hände auf zwei getrennte Körperbereiche. Wie Sie sehen, kommen bei der Massage verschiedene Techniken und Hilfsmittel zum Einsatz, aber vor allem ist sie eine Kunst, bei der das Einfühlungsvermögen und die Haltung des Masseurs entscheidend sind.

Bei der traditionellen Massage arbeiten wir in Richtung des Herzens, um die Blutzirkulation zu fördern. Bei der tantrischen Massage, die mehr auf Sinnlichkeit, Entspannung und den Ausgleich bestimmter Energien ausgerichtet ist, werden die verwendeten Sequenzen nur bei Bedarf an dieses Prinzip angepasst.

Die Massage wird je nach ihrer Spezialisierung in verschiedene Kategorien eingeteilt. In diesem Abschnitt werden wir über die grundlegenden manuellen Techniken sprechen, die, wie der Name schon sagt, im Allgemeinen mit der Hand des Physiotherapeuten ausgeführt werden. Dabei wird eine mechanische Energie zwischen zwei Medien übertragen: Das ist das aktive Medium, also die Hände des Physiotherapeuten, und das andere ist das passive Medium, das aus dem Körpergewebe besteht, an dem gearbeitet wird.

DIE TANTRISCHE VERBINDUNG

Es ist sehr wichtig, eine geistige Verbindung mit Ihrem Partner oder Patienten herzustellen, bevor Sie mit der Massage beginnen.

- Bringen Sie sich in eine bequeme Position und legen Sie Ihre Hände auf den Körper – entweder auf den Rücken, das Herz und die Stirn oder dorthin, wo Ihre Intuition es für richtig hält. Dies hängt davon ab, wo Sie die Massage beginnen. Denken Sie daran, dass die von mir angegebene Reihenfolge kein unverrückbares Glaubensdogma sein sollte.

- Konzentrieren Sie sich darauf, sich mit der Atmung Ihres Partners zu synchronisieren. Denken Sie daran, dass jeder von Ihnen ein anderes Lungenvolumen hat. Sie sollten derjenige sein, der sich an seinen Rhythmus anpasst, und nicht umgekehrt.

- Ermutigen Sie Ihren Partner dazu, sich auf die Atmung zu konzentrieren und sich zu entspannen.. Lassen Sie ihre Spannungen und Sorgen los. Wenn Sie gemeinsam atmen, entsteht automatisch ein Zustand der Verbindung oder Vereinigung zwischen Ihnen beiden.

- Dieser Vorgang kann mehrere Minuten dauern, bevor die eigentliche

Massage beginnt.

RÜCKENMASSAGE

DRUCK.

Der Rücken, als muskulärster und größter Bereich des Körpers, erfordert besondere Aufmerksamkeit, um eine gute Entspannung und Veranlagung zu erreichen.

Die Massage beginnt mit Druckmanövern. Der Hauptmeridian des Rückens ist der Blasenmeridian, der der längste aller Meridiane ist und auf beiden Seiten der Wirbelsäule bis zum Sakralbereich verläuft.

Durch Druck auf den Rücken werden die Spinalnerven stimuliert, die zu allen inneren Organen führen.

Die Tsubos im oberen Rücken wirken auf die Meridiane, die mit den Lungen und dem Herzen in Verbindung stehen. Im mittleren Rücken wirken sie auf die Meridiane, die mit den Verdauungsprozessen in Verbindung stehen, während die Tsubos in der Lendengegend auf die Meridiane wirken, die die Nieren und den Darm kontrollieren. Das Kreuzbein steht in Verbindung mit den Blasen- und Genitalfunktionen.

Schmerzen in bestimmten Bereichen des Rückens können manchmal auf eine Fehlfunktion des entsprechenden Organs hinweisen.

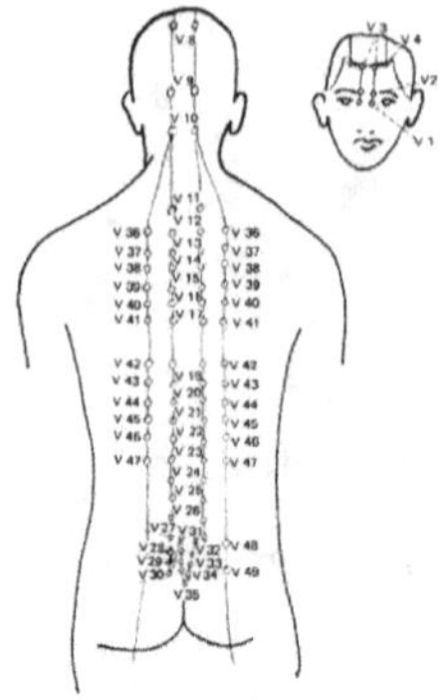

Wir beginnen die Druckbehandlungen mit verschiedenen Werkzeugen, die darauf abzielen, den Bereich zu erwärmen und die Durchblutung anzuregen.

1. Horizontale Rollen: Die Haut wird mit beiden Händen gegriffen, wobei eine rollenartige Bewegung ausgeführt und dann losgelassen wird. Sie werden senkrecht zur Wirbelsäule ausgeführt. Diese Bewegung wird über den gesamten Rücken und auf beiden Seiten ausgeführt.

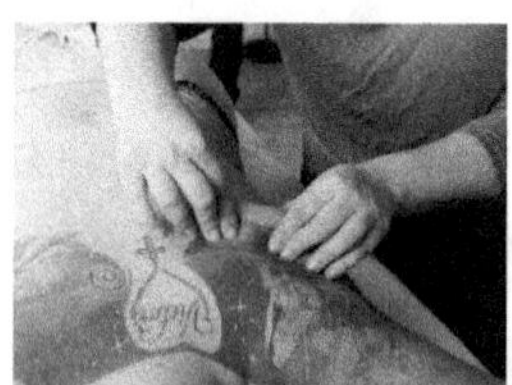

2. Transversale Rollen: Die gleiche Bewegung wird parallel zur Wirbelsäule ausgeführt.

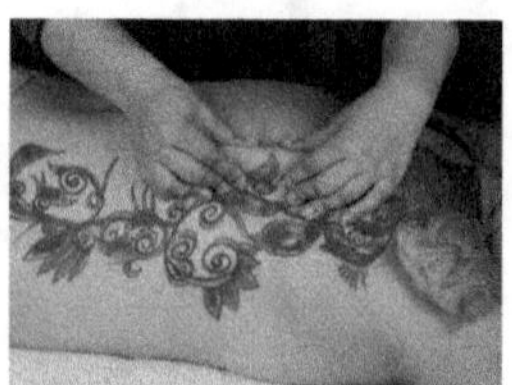

3. Vibrierendes Zwicken: Ein Stück Haut wird zwischen Daumen und Ringfinger geklemmt, dabei sehr kurz bewegt und dann losgelassen.

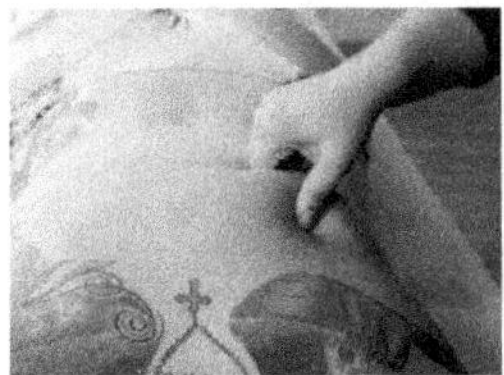

4. Scheren des Schulterblatts: Der Arm des Patienten wird auf den Rücken gelegt und in der richtigen Position gedreht, während die Handkante verwendet wird, um die Innenseite des Schulterblatts so weit wie möglich abzustreichen.

Der Druck beginnt mit den Handflächen. Dazu werden die Hände auf beiden Seiten der Wirbelsäule platziert, beginnend am oberen Ende und entlang der Wirbelsäule bis zum Gesäß.

Diese Phase kann mehrere Male wiederholt werden.

Anschließend wird derselbe Vorgang wie oben beschrieben durchgeführt, wobei diesmal mit dem Daumen entlang der gesamten Wirbelsäule gedrückt wird. Auch diese Phase kann mehrmals wiederholt werden.

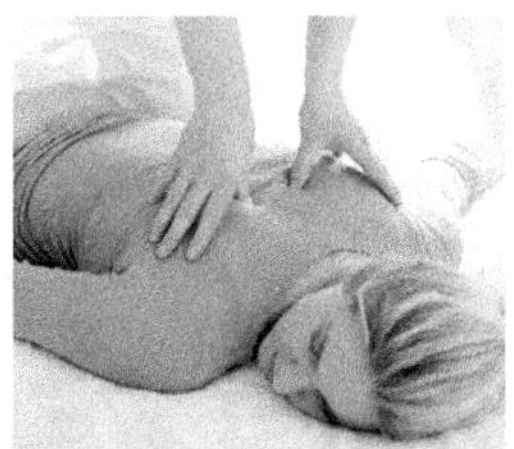

Die oben genannten Drucktechniken können bequem vom Hinterkopf des Patienten aus durchgeführt werden, aber auch von anderen Seitenpositionen aus.

Anschließend wird die so genannte Wirbelsäulendehnung durchgeführt.

Dabei wird eine Hand auf den oberen Teil der Halswirbelsäule und die andere auf den unteren Teil der Wirbelsäule in Höhe der Hüfte gelegt.

Der Masseur dehnt mit seinem eigenen Körpergewicht die Wirbelsäule.

Diagonale Dehnungen können auch durchgeführt werden, indem eine Hand auf ein Schulterblatt und die andere auf die gegenüberliegende Hüfte gelegt wird.

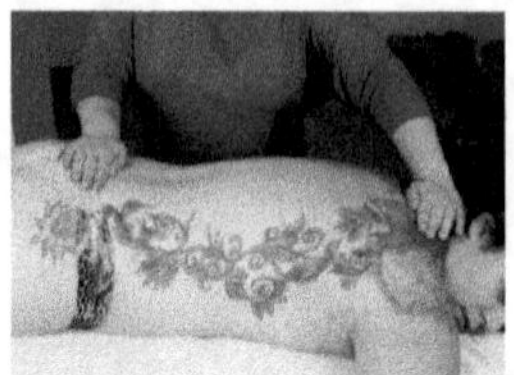

Nun werden beide Hände auf das Steißbein gelegt, wobei eine Drehbewegung und ein kontrollierter Druck ausgeführt werden.

Anschließend folgt das "Gehen auf der Wirbelsäule", bei dem beide Händen übereinander gelegt werden, wobei die untere als Polster dient. Dabei drückt man beide Seiten der Wirbelsäule von unten nach oben.

Wenn die Halswirbelsäule erreicht ist, wird die Wirbelsäulendehnung erneut durchgeführt.

Der gesamte Vorgang kann mehrmals wiederholt werden.

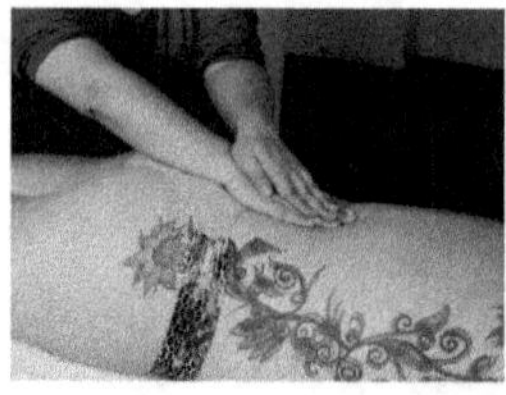

Das nächste Manöver ist die "seitliche Streckung", bei der kontrolliert mit beiden Händen der Rücken seitlich gestreckt wird. Eine Hand streckt sich nach rechts, die andere nach links.

Abschließend können Sie mit einem Vibrationsmanöver abschließen, bei dem Sie den Ellbogen als Transmissionsriemen verwenden. Legen Sie den Ellbogen an verschiedenen Stellen des Rückens an und lassen ihn vibrieren. Diese Technik hat eine entspannende Wirkung.

ÖL.

Tragen Sie das Öl auf Ihre Hände auf und verteilen Sie es auf dem Rücken des Patienten. Sie können auch eine kleine Menge auf die Beine auftragen, wie oben erwähnt, um ein Gefühl der Einheit zu schaffen.

Massieren Sie den gesamten oberen Rücken mit weiten, kreisenden Bewegungen, langsam und mit wechselndem Druck, bis sich die Person entspannt.

Drücken Sie mit Daumen und Fingern koordiniert mit beiden Händen die großen Muskeln von der Wirbelsäule bis zur Schulter und führen Sie dann abwechselnd verschiedene kreisende Bewegungen mit dem Daumen auf jedem Teil des Rückens aus.

Stellen Sie sich hinter den Kopf des Patienten und drücken Sie mit den Handflächen in einer kreisförmigen Bewegung von oben nach unten, entlang der Wirbelsäule, nach außen. Wiederholen Sie dieses Manöver mehrere Male, wobei Sie jedes Mal einen größeren Bereich abdecken, bis Sie schließlich vom Gesäßbereich aus nach außen streichen.

Wiederholen Sie dann die gleichen Handgriffe wie oben, aber drücken und reiben Sie mit dem Daumen. Dieses Manöver ist weicher und kann sogar bei chiropraktischen Behandlungen eingesetzt werden, aber wenn Sie nicht über eine entsprechende Ausbildung verfügen, sollten Sie nicht zu viel Druck ausüben.

Streichen Sie sanft mit den Fingern im Zickzack über die Wirbel und massieren Sie deren Konturen. Dies sollte sehr behutsam geschehen.

HÜFTENMASSAGE

DRUCK.

Aus pädagogischen Gründen führe ich die Hüftmassage separat von der Rückenmassage durch, aber sie muss mit der Rückenmassage als Ganzes behandelt werden. Aus diesem Grund sollte zuerst die Druckmassage des Rückens und der Hüften durchgeführt werden, bevor man zur Ölmassage dieser Bereiche übergeht.

Lokalisieren Sie mit den Handballen die Vertiefung an den Seiten des Gesäßes, gleich hinter dem Hüftknochenvorsprung. Drücken Sie mit den Fingern, die nach innen gerichtet sind, und den Handballen nach innen. Wiederholen Sie das Manöver mehrere Male.

Lokalisieren Sie im Kreuzbein, dem knöchernen Dreieck an der Basis der Wirbelsäule, die vier Lochpaare oder Foramina, durch die die Spinalnerven verlaufen.

Wenn Sie sie lokalisiert haben, ziehen Sie, wie beim Rücken, eine imaginäre Linie, auf die Sie zunächst mit den Handflächen in mehreren Sequenzen nach unten drücken. Dann machen Sie das Gleiche mit dem Daumen.

ÖL.

Kneten Sie das Gesäß mit der ganzen Hand und dem Daumen, indem Sie kreisende Bewegungen in verschiedenen Tiefen und Geschwindigkeiten ausführen, wie zuvor auf der Rückseite erklärt.

Sie können auch ein ähnliches Manöver wie im Druckabschnitt anwenden, aber diesmal kneten, mobilisieren und ziehen Sie die Seiten der Hüften und des Gesäßes zur Mitte hin, in einer sammelnden Bewegung, mit beiden Händen zur gleichen Zeit. Wiederholen Sie diesen Vorgang mit beiden Händen und von einem Ende zum anderen.

BEINMASSAGE (HINTEN)

DRUCK.

Zuerst wird mit der ganzen Handfläche und dann mit beiden Daumen gleichzeitig die gesamte Länge des Beins von unten nach oben gedrückt.

Dazu ziehen wir eine imaginäre Linie entlang des Beins und variieren den Druck entsprechend.

Wenn wir oben angekommen sind, beginnen wir wieder eine neue Serie, indem wir den Vorgang mehrmals wiederholen, zuerst mit der Handfläche und dann mit den Daumen.

Wenn der Druck mit den Daumen ausgeübt wird, kann eine kleine kreisförmige Bewegung auf der Spitze ausgeführt werden, ohne eine Verschiebung zu erzeugen.

Achten Sie darauf, nicht auf die Kniekehlen zu drücken.

ÖL.

Vorsicht ist geboten, wenn die Person unter Krampfadern leidet. In diesem Fall sollte die Massage sehr sanft sein.

Zunächst wird das Öl wieder auf beiden Beinen verteilt, wobei dieser Teil mit ausgedehnten Bewegungen auf dem Rücken und dem Gesäß verbunden wird.

Danach wird mit der Massage an einem der Beine begonnen, indem sie von unten nach oben beginnt.

Wir beginnen mit der Mobilisierung des gesamten Knöchel- und Wadenbereichs mit weiten Bewegungen und kneten mit beiden Händen kreisende Bewegungen.

Anschließend wiederholen wir dasselbe mit den Daumen und führen mehrere Durchgänge durch.

Zum Schluss führen wir eine Lymphdrainage durch, zuerst mit der Handfläche oder dem Handballen und anschließend mit den Daumen.

Für die Drainage benutzen wir einen Daumen hinter dem anderen (bei Verwendung der Daumen) oder eine Hand hinter der anderen (bei Verwendung der Hände), wobei wir uns langsam und fest die Wade hinauf bewegen.

Die Bewegung sollte rhythmisch und kontinuierlich sein.

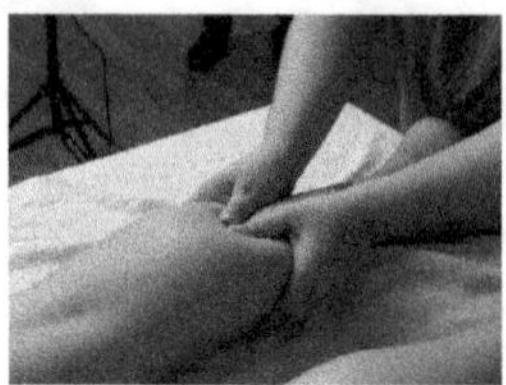

Der gleiche Vorgang wird mit dem oberen Teil des Beins wiederholt: den Oberschenkeln.

Er endet mit einer einhüllenden kreisenden Drehbewegung, bei der der gesamte Oberschenkel und das Gesäß in einem Durchgang mobilisiert werden.

FUSSMASSAGE

ÖL.-

Das Hauptproblem in diesem Bereich ist oft das Kitzeln, selbst für diejenigen, die es genießen. Aber diese Herausforderung ist leicht zu überwinden, wenn die Person, die die Massage durchführt, weiß, was zu tun ist.

Geben Sie etwas Öl auf die Handflächen und bedecken Sie mit breiten und festen Bewegungen den ganzen Fuß.

Halten Sie den Fuß fest zwischen Ihren Händen, eine oben und eine unten. Reiben Sie mit beiden Händen immer wieder in Richtung der Zehen.

Sie können den Fuß mit einer Hand an der Ferse festhalten oder ihn auf Ihr Bein legen und mit der anderen Hand massieren.

Machen Sie langsame, feste, kreisende Bewegungen mit den Daumen und reiben Sie die Sohle fest. Verwenden Sie auch Daumen- oder Knöchelbewegungen in einer geraden Linie entlang der Sohle. Drücken Sie fest, um ein Kitzeln zu vermeiden.

Experimentieren Sie und finden Sie Bereiche, die Ihr Partner stimulierend finden könnte. Dabei ist es wichtig, aufmerksam zuzuhören. Es kann schwierig sein, zu wissen, welche Stellen bei welcher Person angenehm sind.

Hören Sie also immer zu. Eine beliebte Stelle, besonders bei Frauen, ist das innere Fußgewölbe. Gleiten Sie mit dem Daumen fest und variieren Sie den Druck und das Tempo über diese Stelle. Wiederholen Sie dies einige Male, bis Sie herausfinden, was Ihnen gefällt und was nicht.

Dann drücken Sie die Zehen sanft nach oben und spannen dabei das gesamte Sehnen-Gelenk-System des Fußes an. Greifen Sie dann in die entgegengesetzte Richtung mit der Hand und strecken Sie die Zehen nach unten. Sie können die beiden Manöver mehrmals abwechselnd durchführen, die sowohl sehr angenehm als auch gesund sind.

Ein weiteres angenehmes Manöver besteht darin, den Fuß mit beiden Händen zu halten und ihn ähnlich wie beim Melken an den Rändern fest und angenehm zu quetschen, während Sie in Richtung der Zehen reiben. Dabei können Sie beide Hände abwechselnd einsetzen, so dass Sie den Fuß nie loslassen.

Sie können auch die Zehen einzeln nehmen und sie sanft dehnen, indem Sie Ihre Zehen dazwischenschieben. Nehmen Sie einen Zeh nach dem anderen zwischen Zeigefinger und Daumen. Beginnen Sie an der Basis und bewegen Sie Ihre Hand vom Fuß weg, während Sie sanft an der Zehe ziehen. Wählen Sie ein ausgewogenes Maß zwischen grob und fein. Verwenden Sie ausreichend Gleitmittel und achten Sie auf die Reaktion.

ZERVIKALMASSAGE

Sobald sich die Person umgedreht hat, können wir mit der Vorderseite des Körpers beginnen. Bei der Nacken- und Kopfmassage empfiehlt es sich, entweder gar kein Gleitelement oder eine kleine Menge Feuchtigkeitscreme zu verwenden - niemals Öl im Gesicht.

Im Allgemeinen ist es besser, den Nacken von unten zu massieren als von oben. Die einzige Schwierigkeit besteht darin, einen festen Druck auszuüben, ohne den Kopf der Person anzuheben.

Beginnen Sie mit zusammengelegten Fingern an den Seiten des Nackens Ihres Partners, machen Sie kreisende Bewegungen und kneten Sie die tiefer liegenden Muskeln.

Positionieren Sie sich hinter dem Kopf und drücken Sie mit dem Mittelfinger jeder Hand auf beiden Seiten der Halswirbelsäule in Abständen von einem Zentimeter von der Schädelbasis bis zum Nackenansatz.

Bringen Sie Ihre Finger an den äußeren Rand der großen Muskeln im Nacken und drücken Sie mit beiden Händen mit dem Mittelfinger in Abständen von einem Zentimeter von der Nackenbasis nach oben.

Beenden Sie die Übung mit einer Nackendehnung. Legen Sie die Finger unter den Nacken, wobei die Daumen zu den Schlüsselbeinen zeigen und die Handballen unter dem Kiefer liegen. Von dieser Position aus sollten Sie den Kopf fest, jedoch sanft und ohne plötzliche Bewegungen dehnen.

KOPFMASSAGE. GESICHTSBEREICH

Dies ist einer der entspannendsten Bereiche. Der Druck sollte im Allgemeinen fest sein, aber weicher, wenn man auf die Hohlräume drückt.

1. Reiben Sie sanft die Kopfhaut. Fahren Sie mit den Händen durch das Haar und reiben Sie in Richtung Nacken.

2. Dehnen Sie das Haar. Fassen Sie dazu eine Haarsträhne an und ziehen Sie leicht daran.

3. Halten Sie den Kopf an den Schläfen und drücken Sie mit einem Daumen neben dem anderen auf die Mitte der Stirn, dort wo das Haar entspringt, von der Mitte nach außen in Richtung Schläfe. Ziehen Sie eine imaginäre Linie, die die gesamte Stirn bedeckt und schließen Sie die Augenbrauen dabei mit ein.

4. Legen Sie Ihre Daumen auf die Augenlider und üben Sie leichten Druck aus, während Sie sie unmerklich und sehr sanft drehen.

5. Fahren Sie mit dem Gesicht nach unten fort und öffnen Sie die Daumen nach außen.

6. Legen Sie die Daumen unter die Nase, in die Nähe der Lippen, und öffnen Sie sie mit der gleichen Bewegung nach außen.

7. Legen Sie die Daumen über den Mundwinkel und drehen Sie sie sanft über den Punkt. Öffnen Sie sie nach außen.

8. Legen Sie die Daumen unter die Unterlippe und öffnen Sie sie nach außen.

9. Wenn Sie die Höhe des Kinns erreichen, umkreisen Sie es mit dem Daumen und reiben Sie mit dem kleinen Finger sanft das Kinn entlang des Halses, indem Sie die ganze Runde bis zum Ohr machen.

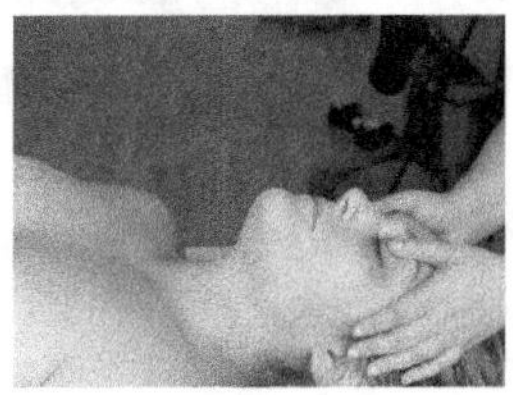

RUMPF- UND BAUCHMASSAGE

DRUCK.

Hinter dem Kopf befinden sich verschiedene Druckstellen, die der Entspannung und Straffung dienen.

- Legen Sie die Handballen in die Vertiefungen zwischen Brustkorb und Schultergelenk, wobei die Finger nach außen gerichtet sind und die Kurve der Schultern umschließen. Üben Sie Druck vom Hara und den Schultern aus.

- Legen Sie die Hände seitlich mit den Handflächen nach unten auf Höhe des Pectoralis-Muskels ab, wobei die Daumen auf der Brust im Zwischenraum zwischen zwei Rippen ruhen. Beugen Sie sich nach vorne und drücken Sie sanft mit dem Daumen aus dem Brustbein heraus. Gehen Sie dann zur nächsten gespreizten Rippe und wiederholen Sie den gleichen Vorgang. Arbeiten Sie sich über den gesamten oberen Teil der Brust, wobei Sie bei Frauen die Brüste aussparen.

ÖL.

Der Mensch interagiert im sozialen Kontakt hauptsächlich mit der Vorderseite seines Körpers. Daher hat der Zustand unseres Oberkörpers Auswirkungen auf die Art und Weise, wie wir uns fühlen und wie wir mit anderen umgehen. Auf der einen Seite gibt es den Brustkorb mit den Rippen, der Herz und Lunge schützt, und auf der anderen Seite die weichere, ungeschützte Bauchdecke. Es ist daher zu bedenken, dass wir bei der Massage dieses Bereichs einen besonders verletzlichen und empfindlichen Teil des Menschen massieren, weshalb die Massagen immer sanft durchgeführt werden sollten.

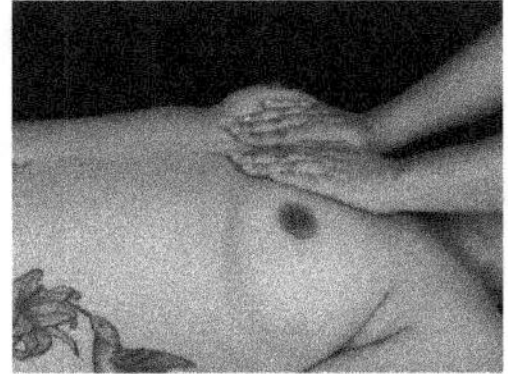

Beginnen Sie die Massage mit langsamen, festen und breiten Reibungen.

- Massieren Sie die gesamte Brust mit gut geölten Händen in weiten, kreisenden Bewegungen. Greifen Sie zu den Seiten hinunter.

- Legen Sie Ihre Hände sanft auf die obere Brust. Gleiten Sie dann langsam in der Mitte nach unten und passen Sie sich dabei der Körperform an. Vermeiden Sie bei Frauen zunächst den direkten Kontakt mit den Brüsten, bis Sie den Bauch erreichen, wo Sie die Hände nach außen öffnen und an den Seiten entlang nach oben bewegen, bis Sie wieder die Ausgangsposition auf dem oberen Teil der Brust erreichen. Dieses Manöver kann mehrmals durchgeführt werden, wobei die Amplitude variiert werden kann, von der Drehung am Anfang des Bauches bis zur Drehung unterhalb des Nabels.

MASSAGE DER WEIBLICHEN BRUST

Die Brustmassage wird mit Öl praktiziert.

1. Legen Sie Ihre Hände sanft auf die Brüste, ohne die Brustwarzen zu berühren, und lassen Sie sie ruhig liegen.

2. Verteilen Sie das lauwarme Öl mit flachen Händen und weiten Bewegungen sanft auf den Brüsten. Vergessen Sie nicht, bis zu den Achselhöhlen zu gehen, und konzentrieren Sie sich nicht auf den mittleren Teil. Sie können auch die Schultern mit einbeziehen.

3. Gehen Sie über die Brustwarzen und massieren Sie das Brustgewebe sanft und fest, ohne dabei die Finger von der Haut zu nehmen oder den Kontakt zu verlieren, während Sie den Bereich massieren.

4. Führen Sie diese Bewegung wie beim Händeschütteln durch.

5. Führen Sie mit Ihren Fingerspitzen kleine, kreisende Bewegungen aus.

6. Manche Frauen mögen es, wenn ihre Brüste gequetscht werden. Greifen Sie mit einer Hand einen großen Teil der Brust und drücken Sie sie ziemlich fest. Passen Sie Ihre Technik an die Größe und Festigkeit der Brüste ab.

7. Experimentieren Sie mit verschiedenen Arten des Streichelns und Drückens und hören Sie dabei auf das, was ihr gefällt. Hören Sie zu... hören Sie immer zu. Und lassen Sie sich nicht von Ihren bisherigen Erfahrungen leiten.

8. Wenn Sie zu den Brustwarzen kommen, probieren Sie alle Arten von Streicheleinheiten aus: reiben, schütteln, fest zwischen den Fingern halten, kneifen, greifen und den Druck allmählich erhöhen, bis Sie das Gefühl haben, dass Sie aufhören müssen.

9. Fassen Sie die Brustwarzen fest an und vibrieren Sie dann mit mehr Druck, ohne dass Ihre Finger die Brustwarze jemals loslassen. Wiederholen Sie dies, während Sie mit der ganzen Hand vibrieren. Wiederholen Sie das Kneifen und lassen Sie dann los... Drücken Sie die Brust nach innen und massieren Sie sie, dann ziehen Sie sie nach außen... ziehen Sie sie nach außen und drehen Sie sie (das hängt von der Frau ab). Die Möglichkeiten sind endlos und Sie müssen sich darin üben, zuzuhören, um das zu geben, was sie verlangt.

10. Gut sind auch halb getrocknete Eiswürfel, die man langsam zu den Brustwarzen hin oder sogar darüber gleiten lässt.

11. Danach können Sie Ihren Körper einölen und sie damit einreiben, wie im Abschnitt über die Körpermassage beschrieben. Sie können auch Ihren Lingam an ihren Brüsten reiben.

12. Manchmal, wenn die Erregung sehr hoch ist, können Sie die Behandlung intensivieren. Viele Frauen werden durch extreme Empfindungen sehr erregt, obwohl nur einige den Schmerz genießen. All dies muss durch ständiges Zuhören, Spüren und Fließen geübt werden. Deshalb ist die Verbindung entscheidend, und Massage-Rezepte aus der Konserve nützen wenig, obwohl es gut ist, die Werkzeuge zu kennen, um sie anwenden zu können.

MASSAGE DER MÄNNLICHEN BRUST

Die Brust ist für die meisten Menschen ein sehr erogener Bereich, obwohl viele Männer solche Freuden als unmännlich betrachten und sie daher nicht kennen oder ablehnen. Aus diesem Grund muss die Frau unter Umständen geduldig und pädagogisch vorgehen, um den Mann in einen Entspannungszustand zu versetzen, in dem er sich eingestehen kann, dass bestimmte Liebkosungen lustvoll sind.

1. Annähern an die Brustwarzen sollte allmählich erfolgen, um kreisende Bewegungen rundherum zu vermeiden.

2. Wiederholtes Reiben der Brustwarzen und der Brust mit der Handfläche oder dem Handrücken.

3. Rollen der Brustwarze zwischen Daumen und Zeigefinger. Sanftes Schütteln der Finger über die Brustwarze, erst sanft und dann kräftiger.

4. Zarte Reibung der Spitze mit einer Fingerspitze.

5. Vorsichtiges Kneifen zwischen Daumen und Zeigefinger, bis ein "Stopp" signalisiert wird.

Nachdem Sie während des Brustmuskeltrainings mehrere Vorstöße in den Unterleib gemacht haben, ist es nun an der Zeit, ihn genauer zu bearbeiten. Es handelt sich um einen sehr empfindlichen Bereich, also gehen Sie vorsichtig hinunter und halten Sie kurz inne, bevor Sie beginnen. Zur Einführung:

- Beginnen Sie mit weiten, kreisenden Bewegungen im Uhrzeigersinn.

- Machen Sie kleinere Kreise.

- Fahren Sie mit den Fingern beider Hände spiralförmig um den Bauch.

- Später können Sie mit beiden Händen gleichzeitig Bewegungen machen, die von einer Seite zur anderen hinaufführen.

BEINMASSAGE (FRÜHER)

DRUCK.

- Drücken Sie mit der Handfläche ganz sanft entlang des Beins, beginnend an den Knöcheln, bis Sie die Hüfte erreichen.

- Beim Passieren des Knies können Sie bereits auf dem Oberschenkel zwei verschiedene Linien oder Bahnen ziehen: eine auf der Vorderseite und die andere auf der Innenseite des Oberschenkels.

- Wenn Sie den Druck auf der Innenseite des Oberschenkels ausführen, müssen Sie das Bein im Knie beugen und nach außen biegen.

- Dieselben vorgenannten Wege können auch durch Druck mit den Daumen allein oder durch Halten des Muskels zwischen den Fingern und gleichzeitigem Druck zwischen dem Daumen und den anderen Fingern ausgeführt werden.

ÖL.

Nachdem Sie beide Beine eingeölt haben, können Sie mit der Arbeit an jedem Bein einzeln beginnen.

- Legen Sie Ihre Hände auf die Knöchel und schieben Sie sie in der Mitte des Beins oben bis zur Hüfte und dann wieder nach unten bis zum Knöchel. Wiederholen Sie dieses Manöver mehrere Male.

- Als Nächstes machen Sie mit beiden Händen kreisende Bewegungen auf demselben Weg wie zuvor, bis Sie die Hüfte erreichen. Gehen Sie dann nach unten, aber ohne die kreisförmigen Reibungen zu machen, sondern mit den Handflächen auf der Außen- und Innenseite der Hände. Wiederholen Sie dies mehrmals.

- Als Nächstes machen Sie kreisförmige Reibungen mit den Daumen, wobei Sie den gleichen Weg gehen und mit den Handflächen an der Außenseite und Innenseite des Beins hinuntergehen.

- Wie bei der Druckmassage können Sie, sobald Sie auf Höhe des Oberschenkels angelangt sind, zwei Arbeitsgänge durchführen: einen auf der Vorderseite des Beins und einen auf der Innenseite. In beiden Fällen sollten Sie abwechselnd kreisförmige Reibungen und Streicheleinheiten mit der ganzen Hand und mit den Fingern ausführen.

- Wenn Sie die Hüfte erreichen, lassen Sie eine Hand an der Innenseite des Oberschenkels hinunter, während die andere Hand das Hüftgelenk in kreisenden Bewegungen massiert.

- Bei der Massage der Gelenke: Beine und Arme können auch passive Bein- oder Armstreckübungen durchgeführt werden, die sehr angenehme Empfindungen vermitteln. Greifen Sie dazu mit einer Hand die Ferse des Fußes von unten und mit der anderen Hand den Fuß von oben. Lehnen Sie sich zurück, bis Ihre Arme angespannt und ausgestreckt sind. Heben Sie nun den Fuß ein paar Zentimeter an und schütteln Sie ihn leicht hin und her, während Sie das Bein strecken. Sie können langsam wieder nach vorne kommen und den Vorgang wiederholen.

EROTISCHE MASSAGE, WIE MAN LUST SCHENKT

Puristisch gesehen gibt es einen großen Unterschied zwischen tantrischer Massage und westlicher erotischer Massage. Die erotische Massage kann jedoch tantrisch werden, wenn sie mit spiritueller Transzendenz praktiziert wird.

Hier sind einige Tipps, die Ihre tantrische Massagesitzung zu etwas Besonderem machen.

- Obwohl Massage ein zweiseitiges Vergnügen ist, sollten Sie sich als Gebender auf Ihren Partner und nicht auf sich selbst konzentrieren. Versuchen Sie herauszufinden, was ihn oder sie befriedigt und nicht, was Ihnen am meisten Spaß macht, wenn Sie massieren.

- Seien Sie kreativ. Vermeiden Sie lästige Wiederholungen und ergänzen Sie Ihre Handlungen mit anderen möglichen Formen der Stimulation. Zum Beispiel können Sie, je nach Grad der Verwicklung, neben Ihren Händen auch andere Körperteile wie Ihren Mund, Ihren Atem, Ihre Genitalien, Ihre Haare oder Ihre Stimme einsetzen.

- Verwenden Sie andere Körperteile. Obwohl ich aus Platz- und Zeitgründen hauptsächlich die Handmassage beschrieben habe, können Sie jeden Teil Ihres Körpers für die Massage verwenden. Sie werden sehen, wie viele Empfindungen dabei geweckt werden.

- Nehmen Sie nichts für selbstverständlich und verallgemeinern Sie nicht. Jeder Mensch ist anders. In meinen Massagekursen neigen vor allem Männer dazu, zu verallgemeinern, was Frauen mögen und was nicht. Wenn Sie etwas für selbstverständlich halten, schränken Sie Ihre Fähigkeit ein, zuzuhören und im Hier und Jetzt zu leben, und begrenzen damit Ihren Erfolg als Lustspender.

- Beschränken Sie das Vergnügen nicht auf vorgefasste Meinungen. Die einzige Grenze ist Ihre Vorstellungskraft.

Um eine Massagesitzung gleichzeitig befriedigend, lustvoll und sinnvoll zu gestalten, ist es sehr wichtig, so viele Sinne des Partners wie möglich zu beleben. Das Ziel ist es, die Sinne zu schärfen. Eine Massagesitzung auf eine Hand-Körper-Begegnung zu reduzieren, mag zwar wunderbar und ekstatisch sein, lässt aber eine ganze Reihe von Möglichkeiten und Genüssen aus.

- Anstelle eines kalten Massageraums können Sie Wasser als Medium verwenden. Im Wasser gibt es eine Verbindung zu der ursprünglichen natürlichen Essenz in uns allen.

- Essen und Trinken. Bis zu einem gewissen Grad wird die Kombination von Essen und Trinken mit einer Massage dem Ereignis eine zusätzliche Sinnlichkeit verleihen.

- Das Spiel mit Hitze und Kälte kann die Sinne intensivieren. Der Einsatz von extremen und antagonistischen Empfindungen hat den Effekt, dass diese deutlicher wahrgenommen und geschätzt werden. Lassen Sie zum Beispiel einen schmelzenden Eiswürfel mit langen, aufreizenden Bewegungen über die warme Haut gleiten. Sie können auch eine Kerze nahe am Körper vorbeiführen, um die Wärme zu spüren. Lassen Sie einfach Ihrer Fantasie freien Lauf.

- Sagen Sie angenehme Worte in ihr Ohr. Viele Frauen genießen es, eine flüsternde Stimme in ihrem Ohr zu hören, die z. B. sagt: "Ich liebe deine Brüste" oder "Was möchtest du, dass ich mit dir mache". Jeder Mensch ist anders, und deshalb gibt es in dieser Hinsicht keine Regeln.

- Verwenden Sie Ihre Genitalien zur Massage

- Benutzen Sie Ihre Zunge und Ihren Atem. Sie können einen Teil Ihres Körpers mit Ihrer Zunge lecken und ihn dann trocken blasen.

- Verwenden Sie beim Streicheln und Massieren erregende Laute.

- Verwenden Sie Ihre Haare, besonders wenn Sie eine Frau sind, um zu provozieren und lustvolle Empfindungen zu erzeugen.

- Massieren Sie Ihren ganzen Körper (Bodymassage). Im Schweiß, in den Sekreten um die Brustwarzen und an anderen Körperstellen befinden sich für das andere Geschlecht sexuell attraktive Substanzen.

KÖRPERMASSAGE : DER KÖRPER ALS INSTRUMENT DER MASSAGE

Die Body-to-Body-Massage, auch Körpermassage genannt, ist eine Art der Massage, die als Teil der erotischen Massagen in Massagezentren und -salons im Osten und Westen angeboten wird. Sie ist jedoch keineswegs eine neue Erfindung, sondern hat ihren Ursprung im alten Indien.

Es handelt sich um eine Massage, die speziell für Männer gedacht ist, aber auch bei Frauen angewendet werden kann. Die Body-to-Body-Massage ist sowohl eine manuelle als auch eine körperliche Methode. Sie kombiniert manuelle Techniken mit dem Einsatz des gesamten Körpers des Masseurs, der häufig nackt oder fast völlig nackt ist.

Sie umfasst Streicheleinheiten, Druck auf bestimmte Körperstellen sowie Körperkontakt.

Die Körper-zu-Körper-Massage markiert den Beginn der zweiten Phase der Massage, , in der wir beginnen, von einem erotischeren Gesichtspunkt aus zu arbeiten.

Zu diesem Zeitpunkt kann der Masseur sich ausziehen oder mehr Kleidung ablegen, um eine sinnliche Atmosphäre zu schaffen. Ein visueller Aspekt kann ein Pluspunkt sein, weshalb ein Raum mit Spiegeln von Vorteil ist. Dadurch kann die Person, die die Massage erhält, die gesamte Sitzung aus verschiedenen Blickwinkeln betrachten und keine Details verpassen. Dies ist besonders relevant für Männer, die eine visuelle Komponente bevorzugen.

Diese Art der Massage hat ihre Wurzeln in der tibetischen Körper-zu-Körper-Massage, einer interaktiven Tanzmassage.

Er beginnt die Massage an den Füßen des Kunden und massiert sie mit seinen Händen. Dann bewegt er sich die Beine hinauf und setzt seinen Körper ein: Er setzt seine Unterarme ein und macht tiefe, langsame Bewegungen an den Beinen und am Rücken.

Dann beginnt sie mit ihrer nackten Brust, den Körper des Kunden sanft zu streicheln und die Lustzonen zu stimulieren. Dadurch wird die Sitzung zu einem intensiven Erlebnis, bei dem der Kunde auch den Körper der Masseurin streicheln kann.

Danach dreht sich der Kunde um, damit die Masseurin die Vorderseite mit ihren Händen und ihrer Brust bearbeiten kann.

Das Finale ist köstlich: eine Lingam- und Yoni-Massage, die Sie genießen werden wollen.

MODUL IV
ANATOMIE DER GENITALIEN

ANATOMIE DER WEIBLICHEN GENITALIEN

Es ist sehr wichtig, dass Sie die weibliche Anatomie kennen, um zu wissen, was Sie anfassen und wie Sie es anfassen.

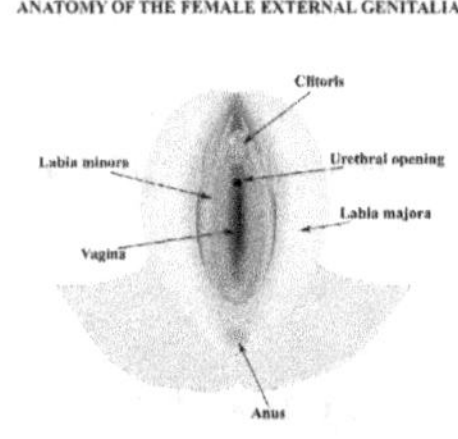

Die Vulva, die äußeren Genitalien der Frau, sind so einzigartig und unverwechselbar wie ihr Gesicht. Die weibliche Anatomie selbst macht es den Frauen schwer, ihre Genitalien zu betrachten, da sie meist innen liegen.

Wenn Sie die Genitalien einer Frau mit gespreizten Beinen betrachten, so wie es bei der Yoni-Massage praktiziert wird, sehen Sie vier Strukturen:

1. Der Schamhügel, der die Ausbuchtung des unteren Teils des Bauches bildet.

2. Die großen Schamlippen.

3. Der Damm, der den Bereich zwischen dem Scheideneingang und dem Anus bildet.

4. Der Anus.

Je nach Alter und Körpermorphologie kann die Vulva nach vorne oder nach hinten (zum Anus hin) geneigt erscheinen. Die Vulva einer schlanken Frau scheint tiefer zu liegen als die einer Frau, die an Gewicht zugelegt hat.

Der Schamhügel besteht hauptsächlich aus Fettgewebe, wahrscheinlich um das Schambein beim Geschlechtsverkehr zu schützen. Trotzdem ist er reich an Nervenenden, was ihn zu einem sehr attraktiven Bereich für Massagen macht.

Die großen Schamlippen sind zwei Hautfalten, die die inneren Bereiche der Vulva schützen und verbergen. Ähnlich dem männlichen Hodensack können sie faltig sein, da sie aus denselben Strukturen der fötalen Entwicklung entstammen. Wenn eine Frau sexuell erregt ist, vergrößern sich die großen Schamlippen und ihre Farbe ändert sich in rot, rosa, braun oder sogar fast schwarz.

Sowohl der Damm als auch der Anus haben viele Blutgefäße und Nervenenden, wodurch sie sehr empfindlich auf Massagereize reagieren.

Wenn eine Frau ihre Beine weiter öffnet, kann man weitere Strukturen sehen.

Die kleinen Schamlippen, die zwar als "klein" bezeichnet werden, können größer sein als die großen Schamlippen. Bei vielen Frauen heben sich die kleinen Schamlippen von den großen Schamlippen ab. Wenn sie geöffnet sind, kann man sehen, dass sie oben, in der Nähe der Eichel der Klitoris, miteinander verbunden sind.

Da die kleinen Schamlippen mit der Klitorisvorhaut verbunden sind, werden sie beim Geschlechtsverkehr durch die Stöße in die Vagina indirekt stimuliert, weshalb der Geschlechtsverkehr, abgesehen von den Empfindungen, die der Penis bei seiner Tätigkeit in der Vagina hervorruft, für die Frau äußerst erregend und angenehm ist.

Die Eichel der Klitoris ist teilweise von einer Vorhaut bedeckt, die mit der Haut verbunden ist, die den Körper des Organs bedeckt. Wie beim Mann kann diese Haube oder Vorhaut entfernt werden, so dass die Spitze oder der Kopf deutlicher hervortritt.

Eine kurze, dünne Klitoris kann eine lange, fleischige Vorhaut haben, während eine dicke, lange Klitoris eine kurze, dünne Vorhaut haben kann.

Die Eichel der Klitoris besteht aus Schwellkörpergewebe, ebenso wie die Eichel des Penis.

Wenn eine Frau erregt ist, vergrößert sich die Eichel ihrer Klitoris, während sie gleichzeitig empfindlicher wird. Im Gegensatz zum Körper der Klitoris ist sie jedoch noch weich. Der Körper der Klitoris kann ertastet werden, wenn man mit dem Finger knapp über der Eichel von einer Seite zur anderen fährt. Der Rest befindet sich im Inneren des Beckens. Heute weiß man, dass der äußere Teil der Klitoris einer Frau im Vergleich zum inneren Teil winzig ist. Die gesamte Klitoris ist wahrscheinlich größer als ein Penis und hat eine umgekehrte Y-Form.

Direkt unter der Klitoris befindet sich die Öffnung der Harnröhre, die sehr empfindlich auf Stimulation reagiert, und weiter unten die Vagina. An ihren Rändern befinden sich einige Beulen oder Hautfragmente, die Reste des Jungfernhäutchens: eine dünne, zerbrechliche Gewebemembran, die den äußeren Scheideneingang umgibt oder teilweise bedeckt.

Die Vagina ist keine leere Höhle, stattdessen liegen ihre Wände normalerweise eng aneinander. Wenn Sie einen Finger in die Vagina einführen, werden Sie feststellen, dass sie nach hinten und oben verläuft. Ganz oben, an der oberen Wand, befindet sich der so genannte G-Punkt. Wenn Sie tiefer eindringen, stoßen

Sie auf einen starren Körper von etwa 2 bis 4 cm Länge mit einer Vertiefung in der Mitte: den Gebärmutterhals, der sich bei Erregung um ein Vielfaches vergrößern kann.

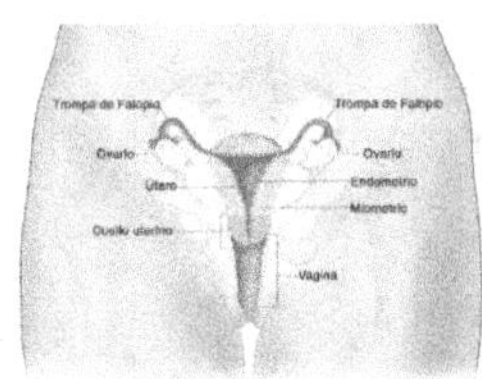

Die Gebärmutter ist ein muskulöses Organ, das etwa die Größe und Form einer Birne hat, wobei die Spitze nach unten gerichtet ist. Der Gebärmutterhals bildet einen Winkel mit dem Gebärmutterkörper. Die große Mehrheit der Frauen erlebt während des Orgasmus sehr angenehme Empfindungen in der Gebärmutter und im Gebärmutterhals. Die Intensität der direkten Stimulation, die diese Organe vertragen, ist sehr unterschiedlich und kann für manche Frauen unerträglich sein, während sie für andere sehr angenehm sein kann.

Auf beiden Seiten, am oberen Ende der Vagina, befinden sich die Eierstöcke. Sie sind nicht leicht zu finden, können aber, mit etwas Übung erreicht, werden. Einige Frauen genießen ihre Stimulation, aber die große Mehrheit ist sich dieser Möglichkeit nicht bewusst oder mag sie nicht.

Heutzutage ist bekannt, dass der äußere Teil der Klitoris einer Frau im Vergleich zum inneren Teil der Klitoris sehr klein ist. Die gesamte Klitoris ist wahrscheinlich größer als ein Penis und hat eine umgekehrte Y-Form.

DER G-PUNKT

Der deutsche Arzt Ernst Grafenberg war in den 1950er Jahren der Erste, der die Existenz "eines erotischen Bereichs von 1-2 cm im Inneren der Vagina, der durch direkte mechanische Stimulation Orgasmen auslöst", vermutete. Diese Ideen blieben bis 1982 unbemerkt, als die Sexologin Beverly Whipple nach mehreren

Studien ihr Buch *Der G-Punkt und andere Entdeckungen über die menschliche Sexualität* veröffentlichte.

Seitdem begann die westliche Wissenschaft (in Indien sprach man bereits seit Jahrhunderten von empfindlicheren Bereichen im Inneren der weiblichen Genitalien: den heiligen Punkten), danach zu suchen, was sich im vorderen Teil der Vagina befinden könnte, um intensivere Lust zu bereiten..

Die Wissenschaft hatte jedoch keine großen Fortschritte bei der Suche nach dem sogenannten G-Punkt gemacht, bis die Französin Odile Buisson 2009 eine sehr interessante Hypothese veröffentlichte: Der G-Punkt ist nichts anderes als ein Bereich der Vagina, von dem aus man indirekt die innere Klitoris kontaktieren kann.

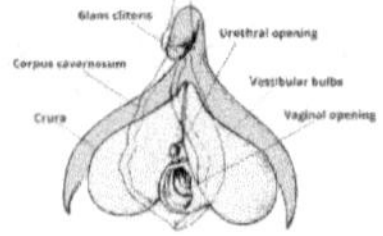

Heutzutage ist bekannt, dass der äußere Teil der Klitoris einer Frau im Vergleich zum inneren Teil nur einen sehr kleinen Teil ausmacht. Die gesamte Klitoris ist wahrscheinlich größer als ein Penis und hat eine umgekehrte Y-Form. Beide entstehen aus der gleichen embryonalen Struktur, wobei sich der Penis nach außen und die Klitoris im Inneren entwickelt. Der äußere Teil, den wir von der Klitoris sehen, ist nur ihre Eichel, die der männlichen Eichel entspricht.Im Inneren hat sie einen viel größeren Körper mit Schwellkörpern und Schwämmen, die sich wie der Penis bei sexueller Erregung ebenfalls vergrößern. Odile Buisson hat mit Hilfe von Ultraschallbildern gezeigt, dass die Klitoris im erigierten Zustand im Inneren sehr nahe an der Vagina liegt, was die erhöhte Empfindlichkeit in bestimmten Bereichen erklären könnte.

Andere Studien, die Ultraschallbilder verwendet haben, ergaben Unterschiede in der Dicke des urethrovaginalen Raums zwischen Frauen, die einen Orgasmus mit G-Punkt-Kontakt hatten, und solchen, die keinen hatten. Aus all diesen Daten schloss Buisson, dass der G-Punkt der Bereich der Vagina ist, in dem der Druck, begünstigt durch einen engen urethrovaginalen Raum, den inneren Teil der Klitoris erreichen und stimulieren kann.

ANATOMIE DER MÄNNLICHEN GENITALIEN

Die Größe, Form und das Aussehen eines Lingams sind einzigartig. Im Allgemeinen legen Männer großen Wert auf ihren Penis und seine Größe, obwohl er, sofern er nicht sehr klein ist, keinen direkten Einfluss auf den sexuellen Prozess hat. Wenn Sie einen Mann sehen, der wegen seines Penis nervös oder schüchtern ist, nehmen Sie sich die Zeit, ihm zu zeigen, dass Sie ihn schätzen und mögen.

Der Penis besteht aus dem Kopf (Eichel), dem Schaft und der Wurzel (im Inneren des Schafts verborgen). Wenn er nicht beschnitten wurde, bedeckt eine Hautkappe, die Vorhaut, die Eichel. Dieses Stück Haut gleitet über die angrenzenden Strukturen.

Die Vorhaut ist für die Erregung des Mannes am wichtigsten, da die meisten erotischen Empfindungen bei der Lingam-Massage oder beim Geschlechtsverkehr von der Vorhaut selbst, dem Frenulum (einem kleinen Hautstreifen an der Unterseite der Eichel) und der Eichel ausgehen. Die Vorhaut ist also kein wertloses Stück zusätzlicher Haut, wie manche Ärzte behaupten, und sollte nicht entfernt werden, es sei denn, es liegen ernsthafte gesundheitliche Probleme vor.

Im Penis gibt es drei erektile Strukturen. Sie sind wie zylindrische Schwämme, die leer sind, wenn das Organ schlaff ist, und die sich mit Blut füllen und steif werden, wenn der Mann erregt ist.

Einer dieser Zylinder befindet sich im unteren Teil des Penis, der die Harnröhre umgibt und an der Eichel endet: der Schwellkörper (Corpus spongiosum).

Die beiden anderen Zylinder befinden sich auf beiden Seiten des Penis und werden als Schwellkörper bezeichnet.

Jede der beiden Hauptarterien des Penis verläuft durch die Mitte eines jeden Schwellkörpers, während das Blut den Penis durch die oberflächlichen Venen verlässt. Wenn in den Schwellkörpern ein ausreichender Blutstand erreicht ist, um eine optimale Steifheit zu gewährleisten, tritt das so genannte veno-okklusive Phänomen auf, bei dem die Öffnung zum Abfluss des Blutes aus den Schwellkörpern, das normalerweise durch diese Venen austreten würde, geschlossen wird. Das Ergebnis ist eine Erektion.

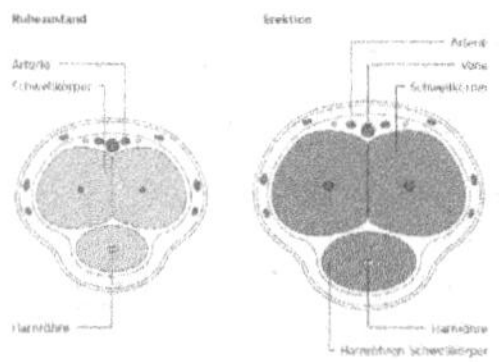

Zwischen den beiden Teilen der Peniswurzel, in einer Tasche aus faltiger Haut, dem Hodensack, befinden sich die Hoden. Die Position der Hoden wird von den Muskeln der Hodensackwand gesteuert, die sich zusammenziehen und die Hoden bei kaltem Wetter nach oben ziehen oder sich entspannen und sie bei heißem Wetter nach unten fallen lassen können.

Die Hoden produzieren Spermien und Hormone. Eine Massage der Hoden bewirkt einen Anstieg des Testosteronspiegels im Blut. Der Rest besteht aus über 200 verschiedenen Proteinen sowie Vitaminen und Mineralien, darunter Vitamin C, Kalzium, Chlor, Zitronensäure, Fruktose, Milchsäure, Magnesium, Stickstoff, Phosphor, Kalium, Natrium, Vitamin B12 und Zink. Sperma enthält außerdem mehr als 50 Verbindungen, darunter Hormone, Endorphine, Neurotransmitter und Immunsuppressiva sowie antimikrobielle Proteine zur Bekämpfung von Bakterien, Viren und Pilzen. Außerdem enthält das Sperma stimmungsaufhellende Substanzen wie Kortison, Estron, Oxytocin, Thyrotropin-Releasing-Hormon, Prolaktin, Melatonin und Serotonin.

DER MÄNNLICHE G-PUNKT

Die Prostata befindet sich an der Basis der Harnblase. Sie ist etwa so groß wie eine Kastanie und produziert Flüssigkeiten, die das Sperma bilden. Die Prostata beherbergt auch den sogenannten G-Punkt des Mannes. Dabei handelt es sich um die empfindlichen und sexuell stimulierenden Teile der Prostata, die von außen oder sogar von innen massiert werden können, indem ein Finger in den Anus eingeführt wird.

Darüber hinaus finden viele Männer, dass der Anus und das untere Rektum sehr empfindliche Bereiche für die sexuelle Stimulation sind. Der Anus verfügt über zahlreiche Nervenenden und Blutgefäße, die ihn mit Blut versorgen und somit Lust erzeugen.

Wenn ein besonders empfindlicher Bereich des Körpers mit Blut gefüllt ist, entsteht grundsätzlich ein sehr

angenehmes Gefühl. Dabei handelt es sich nicht nur um sexuelle Bereiche, denn in der Welt des Sports ist der so genannte "Bodybuilder-Orgasmus" bekannt, der auftritt, wenn ein Muskel gepumpt und mit Blut durchströmt wird und ein sehr angenehmes Gefühl erzeugt.

Wenn der Mann zum Orgasmus kommt, verursachen die Kontraktionen der Beckenmuskeln das Drücken der Spermien und der von den inneren Geschlechtsorganen produzierten Flüssigkeiten in den Harnröhrenbulbus. Dort vermischen sie sich, bevor sie ejakulieren. Der Druck des Spermas, das durch den ersten Teil des Harntrakts fließt, ist äußerst lustvoll. All dies bildet zusammen mit den rhythmischen Kontraktionen der Muskeln, die die Prostata umgeben, die Gesamtheit der Vorgänge, auf die sich Männer beziehen, wenn sie von einem Orgasmus sprechen.

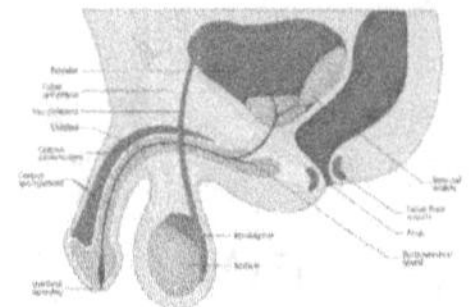

Denken Sie daran, dass die Erektion des Penis durch die Berücksichtigung der folgenden Faktoren zustande kommt:

- Sensorische Stimulation. Berührung, Geruch, Geschmack und Gehör sind sehr wichtig, auch wenn für viele Männer vielleicht der Sehsinn überwiegt. Zögern Sie trotzdem nicht, mit ihm zu tanzen, ihm etwas ins Ohr zu flüstern, ihn mit Ihrem Körper zu berühren, ihn leidenschaftlich zu küssen. Spielen Sie, machen Sie sich frei: Das ist das Wichtigste.

- Es befinden sich keine Muskeln im Penis. Der Mensch ist das einzige Säugetier, das keine Muskeln oder Knochen braucht, um eine Erektion zu erhalten. Deshalb sind wir auch die einzigen Tiere, die Lust empfinden können. Katzen und Hunde zum Beispiel haben einen Knochen in ihrem Penis, um eine Erektion aufrechtzuerhalten. Wenn sie in ein Weibchen eindringen, reißen sie normalerweise ihre Vagina auf. Sie haben trotzdem Sex, weil dies für das Überleben ihrer Art notwendig ist. Das Männchen füllt dank der sensorischen Stimulation die so genannten Schwellkörper mit Blut, an der Basis kommt es zu einer Gefäßverengung und die Erektion wird aufrechterhalten.

- Der Orgasmus ist nicht das Ziel, sondern der Anfang des Tantra. Dank ihm, der gut erweckt und durch die Chakren kanalisiert wird, können emotionale und mentale Ungleichgewichte geheilt und sogar bestimmte Bewusstseinsstufen erreicht werden.

- Pubococcygeus-Muskel (PC). Dies ist ein Muskel, der sich im Beckenboden befindet. Ohne tantrisches Training ist dieser Muskel schwach und unwillkürlich. Er ist für den Taoismus sehr wichtig. Mit der richtigen Kontrolle können

Harninkontinenz, vorzeitige Ejakulation usw. überwunden werden. Sobald diese Probleme gelöst sind und dieser Muskel gestärkt ist, kann die Kundalini sanft erwachen. Die Energie des Orgasmus kann aufsteigen und durch die Chakren zirkulieren, um Samadhi zu erreichen.

Ich würde gerne Ihre Meinung hören!

Als unabhängiger Autor schätze ich sehr Ihre Unterstützung und Ihr Feedback.

Jede erhaltene Rezension hilft nicht nur meinem Buch, mehr Leser zu erreichen, die sich für dieses Thema interessieren, sondern gibt mir auch die Möglichkeit, mich als Autor zu verbessern und zu wachsen, während ich mit großen Verlagen konkurriere.

Jede Rezension zählt und hat einen bedeuten den Einfluss auf mich; ich schätze und lese jede Einzelne aufrichtig.

https://www.amazon.de/review/create-review/?ie=UTF8&channel=glance-deta il&asin=B0D12SF4JK

Ich lade Sie herzlich dazu ein, nur 60 Sekunden zu investieren, um Ihre wertvolle Rezension auf Amazon zu hinterlassen, indem Sie diese einfachen Schritte befolgen:

- Öffnen Sie die Kamera auf Ihrem Telefon

- Richten Sie sie auf den untenstehenden QR-Code.

Bewerten und schreiben Sie eine Rezension über mein Buch.

Ihre Meinung ist einzigartig und unverzichtbar, um anderen Lesern zu helfen, dieses Buch zu entdecken, und um mich auf meinem Weg als unabhängiger Autor zu unterstützen.

Ich schätze aufrichtig die Zeit, die Sie sich nehmen, um Ihre Erfahrung mit dem Buch zu teilen, sowie Ihren Beitrag dazu, sicherzustellen, dass unabhängige Stimmen wie meine gehört werden. Vielen Dank für Ihre Unterstützung!"

MODUL V
ZELLULÄRES GEDÄCHTNIS UND BEFREIUNGSMASSAGETHERAPIE

DIE ALTEN ORIENTALISCHEN TRADITIONEN lehren, dass der Ursprung des menschlichen Wesens kosmisch ist, und dass sie ein Mikrokosmos innerhalb eines Makrokosmos sind. Die moderne wissenschaftliche Forschung über Fraktale bestätigt eindeutig die Richtigkeit eines alten Postulats, das wie folgt lautet:

Wie unten, so oben; wie oben, so unten.

Ihr biologisches System ist Teil eines höheren Ökosystems, in dem die Regeln des Gleichgewichts und der Funktionsweise dieselben sind.

Es ist nicht nur Ihr Gehirn, das Erinnerungen an das speichert, was Ihnen widerfahren ist oder was Sie in Ihrer Familie, in Ihrer Gesellschaft oder in Ihrer Spezies erben.

Diese Erinnerung wird durch einen Prozess der kommunizierenden Gefäße auch in jeder einzelnen Ihrer Zellen als personalisierte Frequenz gespeichert, die sie umgibt und dazu bringt, auf bestimmte Umstände mit einem erlernten Verhaltensmuster zu reagieren.

Keine Erfahrung geht verloren; alles wird im Gedächtnis Ihrer Zellen eingeprägt und gespeichert. Das gesamte Programm Ihrer Existenz ist in den Erinnerungen Ihrer Zellen enthalten.

Es ist wichtig, die Begriffe "Geist", "Körper" und "Seele" zu überwinden, denn sie sind lediglich sprachliche Konzepte, die der menschliche Verstand geschaffen hat, um die verschiedenen Erfahrungsebenen zu definieren. Sie bilden den Schleier der Maya, jenes Spinnennetz, das uns daran hindert, die wesentliche Realität der Dinge zu erkennen.

Der Mensch ist jedoch ein multidimensionales Wesen. Jeder Punkt des zellulären Gedächtnisses enthält die vollständige Information Ihres gesamten Wesens. Diese Informationen sind jeder einzelnen Zelle des Körpers zugänglich. Wenn wir eine Zelle auf die Ebene des Atoms reduzieren würden, würden wir sehen, dass sie aus subtilen Bündeln dessen besteht, was als "intelligente Energie" bezeichnet wird. Zu dieser intelligenten Energie gehören die physischen, mentalen, emotionalen und spirituellen Informationen, die aus allen Lebenserfahrungen, der genetischen Vererbung und früheren Generationen stammen. Nichts, was wir erleben, entgeht der Aufzeichnung im zellulären Geist in Form von Erinnerungen. Was wir gemeinhin als "zelluläres Gedächtnis" bezeichnen, ist das kollektive zelluläre Energiefeld, das durch diese individuellen zellulären Erinnerungen entsteht.

Im Laufe seines Lebens erlebt jeder Mensch verschiedene Situationen, ob traumatisch oder nicht, die eine bestimmte Frequenz von Schmerz oder Freude, von Angst oder Vergnügen in seinen Zellen hinterlassen, die sich wie ein Plätschern in einem Teich auf die anderen überträgt. Bruce Lipton schreibt in seinem Buch *Biologie des Glaubens*, dass eine Welle nur durch eine andere Welle gleicher und entgegengesetzter Größe ausgelöscht werden kann. Daher kann jede Frequenz durch eine entgegengesetzte mit der gleichen Intensität ausgelöscht werden.

Diese traumatischen Erfahrungen sammeln sich im Gewebe des Körpers in Form von Spannungen an. Das Gewebe verhärtet sich, bildet einen Panzer und blockiert die Bewegung der Energie. Auf diese Weise beeinflusst das, was dort gespeichert ist, Ihre Beziehungen zu allem, was Ihnen widerfährt. Dies wirkt sich auf die Art und Weise aus, wie Sie Ihre Routineaufgaben erledigen, wie Sie auf Stress reagieren und wie Sie mit den emotionalen Herausforderungen in Ihrem Leben umgehen.

Viele Lehrer und Wissenschaftler haben in der Vergangenheit darüber gesprochen, wie unser Körper Informationen in zellulären Speicherbänken speichert und wie diese stagnierenden Energieladungen uns daran hindern, in Wohlbefinden zu leben.

Die Quantenphysik untersucht Phänomene unter dem Gesichtspunkt der Gesamtheit der Möglichkeiten. Der Begriff "Quantum" kommt von der kleinsten Einheit, aus der das Licht besteht.

Die in den fortschrittlichsten Labors für Teilchenphysik durchgeführten Experimente haben gezeigt, dass auf der kleinsten Ebene der Materie, der Ebene der Elementarteilchen, alles Energie ist. Dies kommt dem ersten hermetischen Prinzip, dass alles Geist ist, sehr nahe.

Um es besser zu verstehen, können wir sagen, dass Materie kondensierte Energie ist, und wenn wir einen Schritt weiter gehen, können wir sagen, dass Materie kondensiertes Licht ist. Materie und Energie sind nichts anderes als zwei Pole der gleichen universellen Essenz. Der Mensch besteht aus der gleichen universellen Substanz: dem reinen und strahlenden Licht.

Mit diesem wissenschaftlichen Wissen in der Hand erhalten Ausdrücke wie "der Mensch ist ein Wesen des Lichts" und viele andere, die durch verschiedene Religionen und Philosophien populär geworden sind, ihre wahre Bedeutung. Das Universum und alles in ihm ist ein System von Energien in ständiger Schwingung.

Die Moleküle, aus denen jede Materie besteht, einschließlich unseres Körpers, sind in ständiger Schwingung. Unsere Körper erzeugen also Bänder elektromagnetischer Energie mit einer bestimmten Wellenlänge, die es ihnen ermöglichen, gleichzeitig Informationen auszusenden und zu empfangen. Auf diese Weise stehen wir in ständiger Kommunikation mit einer universellen Matrix mit holographischem Charakter.

Wir sprechen hier von energetischen Ladungen. An diesem Punkt ist es notwendig, darüber zu sprechen, dass energetische Ladungen unterschiedliche Polaritäten haben, so wie Elektrizität oder Magnetismus.

Auf der einen Seite gibt es Erfahrungen von Freude und Glückseligkeit, die frei fließende Energiefelder erzeugen und Frieden, Vertrauen, Liebe und Freiheit in Ihnen ausbreiten. Diese Schwingungsfrequenzen sind bei Babys und Kleinkindern reichlich vorhanden. Man findet sie auch in der Natur und bei Tieren. Die Natur dieser Energiefelder ist es, zu fließen und sich zu bewegen. Im Grunde sind sie leicht.

Umgekehrt gibt es schmerzhafte oder traumatische Erfahrungen, die unverdaut sind und mit emotionalen Zuständen verbunden sind, die zusammengezogene und eingeschränkte Energiefelder Ihrer Lebensenergie erzeugen. Diese Energiefelder wiederum erzeugen negative Entscheidungen und Überzeugungen über uns selbst und andere Menschen, Angst, Furcht und alle von Ängsten abgeleiteten Emotionen wie Schuld, Scham, Unbehagen, Groll, Wut usw. Im Grunde sind diese Energiefelder dunkel oder lichtlos.

Alle Menschen haben Ladungen verschiedener Polaritäten in ihrer Zellstruktur. Wenn das Missverhältnis zwischen den hellen und den dunklen Energiefeldern sehr groß ist, kann es zu einer allgemeinen Dysfunktion des Menschen kommen.

Nun ist es wichtig zu verstehen, was eine Emotion ist und wie neuronale Netze entstehen und funktionieren.

Ihr Geist löst ständig Empfindungen und Gefühle in Ihrem Körper aus. Die Art und Weise, wie Sie denken, beeinflusst Ihre Empfindungen und damit das Energiefeld, in dem Sie sich bewegen. Dieses Energiefeld ist sehr dynamisch und unterliegt ständigen Veränderungen, die zumeist mit Ihren Gedanken und Gefühlen beginnen.

Das Gehirn beherbergt Billionen von Zellen, die Neuronen genannt werden; es heißt, dass es im Nervensystem so viele Neuronen gibt wie Sterne in unserer Galaxie.

Diese Neuronen schließen sich zu neuronalen Ketten zusammen, und die Gesamtheit der neuronalen Ketten bildet das neuronale Netz.

Das neuronale Netz wird nun durch elektrisch-chemische Impulse aktiviert, die im Gehirn erzeugt werden. Dieser informationsgeladene Strom, der von einem Ende des Nervensystems zum anderen fließt, ist intelligente Energie und bewegt sich mit einer sehr hohen Geschwindigkeit von einer Zelle zur nächsten. Diese intelligente Energie manifestiert sich im Gehirn in Form von Neurotransmittern.

Neurotransmitter fungieren als elektrisch-chemische Botenstoffe, mit denen die Neuronen miteinander kommunizieren. So kann ein einziger Gedanke oder eine einzige Emotion riesige Mengen an Neurotransmittern auslösen.

Wenn ein Neuron seine Neurotransmitter an die anderen Neuronen sendet, mit denen es verbunden ist, wird eine innere Erfahrung in Form von Empfindungen und Emotionen erzeugt, und die Beziehung zwischen diesen Neuronen schafft das, was wir eine neuronale Kette nennen.

Kurz gesagt, wenn ein Gedanke oder eine Emotion auftaucht, wird das neuronale Netzwerk aktiviert und eine Erfahrung in Form eines Gedankens, einer Emotion oder eines Gefühls tritt im Inneren auf.

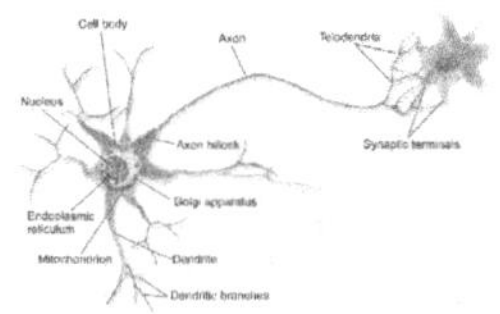

Wenn jedoch derselbe Reiz mit derselben Frequenz intelligenter Energie wiederholt gesendet wird, entsteht ein Rhythmus, der dazu führt, dass sich die neuronalen Ketten eng und intim miteinander verbinden und im Laufe der Zeit verstärkt und aufrechterhalten werden.

Die Dendriten und das Axon, die wie Arme der Neuronen sind, strecken sich aus und versuchen, immer mehr benachbarte Neuronen zu verbinden, so dass die neuronale Kette verstärkt wird.

Alle bekannten Süchte und Zwänge entsprechen diesem neuroenergetischen Muster, das auf den inneren Ebenen des Individuums, außerhalb der Grenzen des Bewusstseins, etabliert ist, sich aber im Äußeren in den täglichen Aktivitäten entsprechend der inneren Resonanz manifestiert.

Durch die wiederholte Verwendung der gleichen Denkmuster verstärken sich diese inneren Beziehungen, wodurch dieselbe emotionale Reaktion reproduziert wird. Infolgedessen ziehen Sie im Äußeren die Frequenzen an, die im Inneren resonieren.

Durch die Wiederholung derselben Muster konstruieren Menschen ihr Selbstbild, das, wie wir wissen, eine Reaktion auf in der Vergangenheit erlittene emotionale oder körperliche Wunden ist. Es ist lediglich ein Bild und daher nicht wirklich real.

Emotionale Traumata manifestieren ihr Ungleichgewicht in den entsprechenden Organen oder Drüsen. Alte Traditionen und modernste Forschung stimmen darin überein. Daher kann die Tatsache, dass emotionale Toxizität eine wichtige

Rolle bei der Erreichung optimaler Gesundheit spielt, nicht länger ignoriert werden.

Die Yoni und der Lingam, sowie die dazugehörigen Schambein- und Kreuzbeinmuskeln, gehören zu den wichtigsten Reflexzonen des Körpers, in denen sich diese Spannungen am meisten ansammeln.

Die bewusste Massage zur Befreiung des Zellgedächtnisses ist eine Methode, um emotionale Toxizität zu erkennen und zu transformieren. Sie hilft uns, auf diese Gedächtnisspeicher völlig bewusst, effizient und sicher zuzugreifen.

Das Zellgedächtnis wird freigesetzt, so dass alle Teile - spirituell, emotional und physisch - miteinander kommunizieren und einen natürlichen Zustand des Gleichgewichts wiedererlangen können.

Bei der Conscious Cellular Genital Memory Release Massage gehen wir von der Erkenntnis aus, dass viele unserer Ungleichgewichte nicht im gegenwärtigen Moment entstanden sind, sondern ein bereits im Mutterleib oder sogar in früheren Generationen erlerntes Muster mit sich bringen. Das bedeutet, dass unsere Zellen nicht nur Gene, sondern auch ein energetisches Feld erben. Sie fragen sich vielleicht, wie das geschehen kann. Die Antwort ist, dass die Gewebe und die Zellen, aus denen sie bestehen, ihrerseits aus Molekülen bestehen, diese wiederum aus Atomen und diese aus subatomaren Teilchen, die mit einer bestimmten Frequenz schwingen.

Jedes Mal, wenn Sie eine Emotion empfinden, schüttet Ihr Gehirn einen Strom von Neurotransmittern (Neuropeptiden) aus, die durch das Kreislaufsystem fließen, bis sie jede Zelle des Körpers erreichen, insbesondere die Zellen, aus denen der Genitalapparat besteht. Diese Zellen verfügen über ein Protein in ihrer Membran, das in der Lage ist, das Peptid, das sie erreicht, zu erkennen und mit ihm zu reagieren, wodurch der gesamte Organismus mit dieser Emotion imprägniert wird. Dies ist der physiologische Weg, den der Körper benutzt, um Emotionen zu erkennen.

Je nach den vom Gehirn erzeugten Neuropeptiden nehmen die Zellen täglich die eine oder andere Art von Emotion wahr, z. B. Angst, Traurigkeit oder Frustration bei depressiven Menschen oder Hoffnung, Freude oder Liebe bei optimistischen Menschen, die zu innerem Frieden und Gelassenheit finden können.

Der Prozess kann unter anderem durch bewusste Atmung, Entspannung und Meditation gestoppt werden.

Die Conscious Cellular Memory Release Massage (CML) ist eine Technik, die Sie bei diesem Prozess unterstützt, indem sie Ihnen erlaubt, sich mit sich selbst zu verbinden. Sie wirkt auf den ganzen Körper als Einheit und schenkt, wenn möglich, den Genitalien besondere Aufmerksamkeit.

SYMPTOME DER SEXUELLEN UNTERDRÜCKUNG

Andererseits werden die Sexualorgane seit der Kindheit zensiert, vor allem in Ländern mit einer viktorianisch-puritanisch-religiösen Mentalität, in der Sex Schuld, Scham und Bescheidenheit verursacht.

All dies führt zur emotionalen Unterdrückung von Gefühlen und zur Infantilisierung, was wiederum Vergewaltigung, Gewalt, Machismo und Feminismus zur Folge hat. All dies geschieht, weil Körper und Geist nach einem Ventil suchen, um die unterdrückten emotionalen Spannungen abzubauen.

Bei Männern äußern sich die Spannungen in einer Verhärtung des Lingams oder in einer Überempfindlichkeit und Zerbrechlichkeit der Vorhaut oder der Eichel, was zu einer Unempfindlichkeit führt. Aus diesem Grund braucht es mehr Stimulation, um erregt zu werden. Unbewusst äußert sich dies in der Haltung: "Fass mich nicht an!"

Die Panzerung des Mannes äußert sich auch in einer chronischen Anspannung des analen Schließmuskels, unwillkürlichen Ejakulationen und einer Haltung der sexuellen Angst, die ein ständiges Bedürfnis nach genitaler Stimulation hervorruft.

Bei Frauen führt die Panzerung zu Schuldgefühlen bei der Selbstbefriedigung, zum Zwang, Liebe machen zu müssen, selbst wenn keine Lust besteht, der Unfähigkeit, "Nein" zu sagen, der Schwierigkeit, einen Orgasmus zu erreichen, sowie zu Komplikationen wie Fehlgeburten, Kaiserschnitten usw. Wenn die angesammelte Spannung sehr groß ist, führt sie zu einer Unempfindlichkeit des Genitalgewebes und zu einer Spannung, die sich nur schwer lösen lässt, selbst wenn man miteinander schläft, und daher zu einer geringen Empfänglichkeit für das männliche Organ.

Wenn eine Frau ein schweres sexuelles oder intimes Trauma erlitten hat, oder ihre Lebensenergie zerstreut ist, bipolar ist usw., kann sie unter Unempfindlichkeit, Anorgasmie, Ablehnung gegenüber Männern, Ängsten, Insektenwahn, Konflikten mit ihrer männlichen Seite oder mit der Autorität sowie anderen Problemen leiden.

Im Yoni-Tantra, einer der wichtigsten Schriften der indischen Kaula-Schule, wird eine "Blaupause der Panzerung" der Yoni mit ihren emotionalen Entsprechungen (Genitalreflexologie) gegeben. Zusammengefasst:

- Kleine Schamlippen: Angst vor dem Öffnen, Scham, Wunsch, sich zu verbergen.

- Klitoris: Nervosität, mangelndes Vertrauen, Ungeduld, Verkrampfung, Wut, Kindlichkeit, Verunsicherung.

- Perineum: Schwierigkeiten, sich der Lust hinzugeben, Gefühllosigkeit, Angst vor Hingabe und Abhängigkeit.

- G-Punkt: Sexuelle Frustration aufgrund eines simulierten Orgasmus, Angst, Versagensangst, Suche nach dem Orgasmus, ohne ihn zu erreichen, Angst vor Ablehnung.

- Vaginalkanal um den Gebärmutterhals: Irritation, Erwartung des Schlimmsten, Bedürftigkeit, Opferrolle, Fehlgeburten und Geburtstrauma.

ZELLULÄRE GEDÄCHTNISBEFREIUNGSTHERAPIE

Die Cellular Memory Release Therapy durch Yoni- oder Lingam-Massage ist ein Prozess, der darauf abzielt, Blockaden, die körperliche, emotionale und mentale Störungen verursachen, schnell zu lösen.

Bei richtiger Anwendung aktiviert die sexuelle Energie Auslöser, die die wirksamsten Heilungs- und Transformationsmechanismen stimulieren, die bisher bekannt sind: den Zustand der PRÄSENZ oder des BEWUSSTSEINS mit der daraus folgenden Auflösung von EMOTIONALEN KONTRAKTIONEN und der Untersuchung des GLAUBENSSYSTEMS. Dies ist sehr wichtig, damit sich energetische Muster nicht wiederholen.

Durch die richtige Massage dieser Bereiche können Frauen und Männer angesammelte Emotionen heilen, indem sie das Zellgedächtnis freisetzen, festgefahrene Emotionen entleeren oder lösen und das Gewebe in seinem natürlichen Zustand belassen. In schwerwiegenden Fällen ist es notwendig, einen Spezialisten für diese Technik zu konsultieren.

Während dieses Prozesses der Befreiung des Zellgedächtnisses greifen wir auf die intelligente Energie des Körpers und seine Fähigkeit zur Selbstheilung zurück. Die Weisheit des Körpers leitet uns an, die Archive zu erforschen, in denen die ursprünglichen Erinnerungen, die Wurzeln des inneren Unbehagens, gespeichert sind. Auf diese Weise können wir die Verbindungen entdecken, die uns in dem sich wiederholenden Muster gefangen halten.

Indem wir die Wurzel finden, erkennen wir das gefangene Gefühl, erlauben es, ohne zu urteilen oder zu interpretieren, und entdecken die Bedürfnisse, die es motiviert haben. So beginnen wir, die energetischen Knoten zu lösen, die in der Vergangenheit entstanden sind. Wenn wir diese energetischen Knoten lösen, beginnen die Zellen, die Kontraktionen zu beseitigen und sie durch die ursprüngliche Resonanz zu ersetzen.

Bei der Arbeit an den Genitalien - Yoni und Lingam - ist weniger Zeit für die Therapie erforderlich, da sich hier unsere Energiezentren befinden. Daher ist es nicht ratsam, dort zu lange zu verweilen, da die Reaktionen sehr stark und in manchen Fällen viszeral sein können. Die sexuelle Energie wirkt als Katalysator für den gesamten Prozess des Erkennens des zellulären Gedächtnisses und der Bewusstmachung der Traumata, die im zellulären Gedächtnis des Körpergewebes verankert sind.

Die Technik des Cellular Memory Release, die ich in der bewussten Massage anwende, ermöglicht es, die verborgenen Emotionen zu lokalisieren, die mit dem körperlichen Symptom oder der Spannung verbunden sind, die sich in einem bestimmten Bereich des Lingam oder der Yoni angesammelt haben. Anschließend wird sie entschlüsselt und die Heilung wird durch die Befreiung dieser Emotion gefördert, die im zellulären Geist des Gewebes verankert ist, der wiederum mit dem unbewussten Geist des Individuums verbunden ist. Diese Emotion wird befreit und in eine andere mit entgegengesetztem Vorzeichen umgewandelt, so dass sie keine negativen Auswirkungen mehr auf das Leben hat.

Es geht darum, die Energiefrequenzen zu erkennen und die Bereiche, die wir durchlaufen, wieder ins Gleichgewicht zu bringen. Wie ich mit dem Gleichnis der Wellen erklärt habe, kann es passieren, dass wir bei der Lingam- oder Yoni-Massage einen veränderten Bereich finden, und wenn wir dort verweilen, erleidet die Person einen leichten Krampf oder eine spannungslösende Bewegung. Das ist eine befreiende und bewusstseinserweiternde Bewegung mit heilender Wirkung.

Die Frequenz wird aufgelöst. Es kommt zu einem Quantensprung, d.h. zu einem Wechsel auf eine höhere Bewusstseinsebene.

Die moderne Medizin vermag bisher nicht zu erklären, was bei dieser Art von Heilung geschieht, die sich anscheinend am Rande hochentwickelter ultrawissenschaftlicher Instrumente und Systeme bewegt. Die Quantenheilung, auch wenn es wie ein Oxymoron erscheinen mag, bewegt sich in einem Bereich außerhalb des hochtechnologischen medizinischen Apparats und widmet ihre Aufmerksamkeit dem Bereich des Geistes, des Geistes und des Bewusstseins. Hier beginnt die Heilung, hier treffen sich Geist und Materie, hier wird das Bewusstsein zum Generator von Wirkungen.

MODUL VI

LINGAM- UND YONI-MASSAGE

DIE LINGAM- UND YONI-MASSAGE hat ihre Wurzeln in tantrischen und taoistischen Traditionen. "Yoni" ist ein Wort aus dem Sanskrit und bedeutet "Vagina", was mit "Heiliges Heiligtum" übersetzt werden kann. Im Sanskrit ist das Wort für "Penis" als "Lingam" bezeichnet, was mit "Stab des Lichts" übersetzt werden kann.

MASSAGE DER YONI

ERWARTUNGEN.

Der Zweck der Yoni-Massage ist es, einen Raum der Entspannung und Intimität für die Frau zu schaffen, damit sie in einen Zustand hoher Stimulation eintreten kann, in dem sie tiefes Vergnügen in ihrer Yoni erfährt.

Bei der von mir vorgeschlagenen Massage sollte die Entspannung vollständig sein, und es sollte kein Druck ausgeübt werden. Das Ziel der Yoni-Massage ist nicht unbedingt der Orgasmus, obwohl dies ein akzeptabler und wünschenswerter Effekt ist, der sehr häufig auftritt. Auf einer grundlegenden Ebene ist das Einzige, was angestrebt wird, die Fähigkeit, Freude zu bereiten und die Massage selbst, die unnötige Spannungen vermeidet. Auf therapeutischer Ebene kann sie dazu dienen, sexuelle Traumata und Blockaden zu heilen.

Aus diesem Grund können sich beide Parteien entspannen und den Druck beiseite lassen, der zu dem Bedürfnis führen kann, einen sexuellen Höhepunkt zu erreichen. Es ist nicht so, dass der Orgasmus während der Massage etwas ist, das man verachten sollte. Vielmehr ist er ein zusätzlicher Bonus. In der Tat ist der Orgasmus während einer Yoni-Massage in der Regel befriedigender, vollständiger, intensiver und angenehmer - eine wunderbare Erfahrung, die nicht zu tadeln ist.

Auf der anderen Seite sollte derjenige, der die Massage gibt, keine Gegenleistung erwarten, außer dem Vergnügen, sie zu geben und den Moment mit der ausgewählten Person zu teilen. Die intimsten sexuellen Handlungen können nach der Massage erfolgen, aber dies muss eine Entscheidung der Person sein, die die Massage erhält, und keine Aufforderung oder ein Austausch von "Gefälligkeiten". Die Massage sollte um des Vergnügens willen durchgeführt werden, das sich aus dem Akt selbst ergibt, und nicht als Mittel, um eine weitere sexuelle Aktivität zu gewährleisten.

Diese Haltung öffnet den Geist für eine neue Art von Sexualität und schafft, wie bereits erwähnt, eine neue Ebene des Vertrauens und der Intimität im Paar.

VORBEREITUNGEN.

Achten Sie darauf, genügend Zeit für die ordnungsgemäße Durchführung der Massage einzuplanen, ohne sich zu beeilen; vorzugsweise eine Stunde oder mehr. Denken Sie daran, dass der weibliche Körper im Gegensatz zum männlichen viel mehr Zeit braucht, damit die Stimulation wachsen und ein gutes Ende erreichen kann.

Sie sollten die Umgebung für die Massage vorbereiten und sicherstellen, dass sie angemessen ist und alle Sinne anspricht. Bereiten Sie den Ort, an dem Sie die Massage durchführen werden, gemäß den Anweisungen im ersten Modul. Es sollte ein ruhiger Raum sein, mit leiser Musik, Kerzen, Kissen, gedämpftem Licht usw. Kurz gesagt, ein Ort, an dem Sie sich wohl und sicher, entspannt und in Kontakt mit sich selbst fühlen können.

Es wird empfohlen, vor der Massage ein Bad zu nehmen, da dies der erste Schritt zur Entspannung ist, sowohl für denjenigen, der die Massage gibt, als auch für denjenigen, der sie erhält. Außerdem ist die Hygiene von größter Bedeutung, um das Risiko einer Infektion zu vermeiden. Derjenige, der die Massage erhält, sollte besonders darauf achten, dass sein Genitalbereich sauber ist, und derjenige, der die Massage gibt, sollte besonders auf seine Nägel achten.

Eine Rasur der Schamhaare wird empfohlen, ist aber nicht zwingend erforderlich, da sie die Empfindlichkeit und das Vergnügen erhöht.

Der Prozess braucht seine Zeit, und diese Zeit muss respektiert werden. Die Massage darf nicht überstürzt werden; es ist wichtig, sich die nötige Zeit nehmen, um die gewünschte Wirkung zu erzielen.

Natürlich müssen Sie jede Möglichkeit der Unterbrechung ausschließen (Telefonanrufe, Personen, die an die Tür klopfen können, usw.), und vor allem physiologische Bedürfnisse berücksichtigt werden. Bessere Ergebnisse werden erzielt, wenn die Massage mit leerer Blase und Nieren durchgeführt wird.

Sie müssen immer eine Verbindung zu Ihrem Partner herstellen, sei es durch psychophysischen Kontakt, Umarmungen, Liebkosungen, gegenseitiges Anschauen oder auf jede andere Art und Weise, die Sie für am besten geeignet halten, um ein Gefühl und eine Atmosphäre des Vertrauens zu schaffen.

Es ist wichtig, noch einmal zu betonen, dass Sie beide so entspannt wie möglich sein müssen.

Das erste Mal, dass eine Frau eine Yoni-Massage erhält, kann eine kraftvolle und intensive Erfahrung sein, deshalb müssen Sie vorbereitet sein und eine Haltung der Achtsamkeit und Zärtlichkeit einnehmen.

POSITIONIERUNG.

Die Frau sollte in einer bequemen Position auf dem Rücken liegen, auf einem Bett oder auf dem Boden auf einer Matratze, mit einem Kissen unter ihrem Kopf, in einer Position, in der sie ihre Genitalien und, falls gewünscht, ihren Partner sehen kann.

Ein weiteres Kissen sollte unter die Taille gelegt werden, am besten mit einem Handtuch oder ähnlichem Material bedeckt.

Die Beine sollten gespreizt und die Knie leicht angewinkelt sein, so dass die Genitalien so weit wie möglich freigelegt sind. Je mehr Kissen verwendet werden, um die Position so bequem wie möglich zu machen, desto besser.

Der Gebende sollte in einer bequemen Position zwischen den Beinen seines Partners sitzen, mit gekreuzten Beinen und auf einem Kissen, oder was auch immer am bequemsten ist.

Es ist wichtig, dass der Gebende eine bequeme Position einnimmt. Dann kann er die Yoni und die anderen Teile vom Partner gut erreichen.

ATMEN.

Bevor sie beginnen, sollten sowohl der Gebende als auch der Empfangende einen tiefen, entspannenden Atemzug nehmen, um sie auf die bevorstehende Aufgabe vorzubereiten.

Es ist wichtig, dass sowohl der Gebende als auch der Empfangende während der gesamten Massage einen tiefen, langsamen Atemzug halten.

Der Geber sollte dies besonders im Hinterkopf behalten und den Empfänger daran erinnern, wenn dieser nicht mehr richtig atmet oder ganz aufhört zu atmen; tiefe Atmung ist sehr wichtig.

PHASEN DER MASSAGE.

Die Technik der Yoni-Massage ist einfach; sie besteht lediglich aus sanftem, sich wiederholendem, kreisförmigem, kontinuierlichem und monotonem Reiben der einzelnen Teile der Yoni mit den Fingerspitzen. Sie sollten der Sakti Zeit geben, das auszudrücken, was sie ausdrücken möchte, und mit Liebe, Respekt und Fürsorge für alle ihre Empfindungen aufmerksam bleiben. Sie loslassen, ohne sich darum zu kümmern, ob sie zum Orgasmus kommt oder nicht. Wenn die Situation zu unerträglich wird, sollten Sie aufhören und nicht weitermachen, denn es wird eine weitere Gelegenheit geben; legen Sie sich neben sie, umarmen Sie sie und geben Sie ihr Liebe und Verständnis.

Beginnen Sie damit, die Beine, den Bauch, die Oberschenkel und die Brüste Ihrer Partnerin sanft und weich zu massieren, um ein entspannendes Vorspiel für den Moment zu schaffen, in dem Sie durch eine sanfte Berührung mit der Yoni selbst in Kontakt kommen werden. Machen Sie das ein paar Minuten lang, ohne mit ihrer Yoni in Kontakt zu kommen, obwohl Sie damit spielen können. Es geht darum, den Kreislauf anzuregen und die Sinne für die Sinnlichkeit zu wecken.

Nun brauchen Sie ein hochwertiges Öl oder Gleitmittel, von dem Sie eine kleine Menge auf den Hügel der Yoni geben. Die Menge sollte präzise sein, nicht zu viel und nicht zu wenig, gerade genug, dass es über die äußere Lippe läuft und den gesamten äußeren Teil der Vagina bedeckt. Auf dem Markt gibt es hochwertige Gleitmittel, die speziell für diese Art von Aktivität hergestellt werden. Sie sind in Sexshops, Fachzeitschriften, im Internet, in Geschäften für erotische Kleidung usw. erhältlich. Wichtig ist, dass Sie niemals Produkte auf Ölbasis mit Latex mischen.

Legen Sie die Handfläche nach unten und bedecken Sie den gesamten Yoni-Bereich. Machen Sie sich bewusst, dass diese Bewegung sehr bedeutsam und entscheidend für den weiteren Verlauf der Massage ist. Spüren Sie in diesem Moment eine besondere Verbindung zu Ihrem Partner. Beginnen Sie mit der sanften Massage des Yoni-Hügels und verteilen Sie das Gleitmittel langsam und mit erlesener Sanftheit auf der gesamten Yoni.

Es gibt drei Hauptphasen der Yoni-Massage, wobei es Variationen gibt, die Sie bei regelmäßiger Anwendung selbst entdecken werden.

1º) MASSAGE DER LIPPEN

Nachdem Sie das Gleitmittel sanft aufgetragen haben, nehmen Sie die äußere Lippe zwischen Daumen und Zeigefinger und streichen Sie langsam auf beiden Lippen auf- und absteigend über die gesamte Länge.

Sie können auch mit dem Finger über die Lippe streichen. Spreizen Sie mit Ihren Fingern ganz langsam die Lippen.

Diese Bewegungen steigern die Durchblutung der Region und öffnen die Yoni. Das Vergnügen, das Ihre Partnerin dabei empfinden wird, ist exquisit, und wenn Sie es richtig lange machen, wecken Sie das Verlangen nach dem, was später kommen soll.

Dann wiederholen Sie diesen Vorgang mit den inneren Schamlippen, ebenso behutsam und noch sanfter. Es ist wichtig, nichts zu überstürzen, sondern sich die nötige Zeit zu nehmen. Entspannen Sie sich und genießen Sie die Massage, sonst hat das, was Sie tun, keinen Sinn. Das Massieren sollte sowohl für die Frau als auch für den Mann ein Vergnügen sein. Die Person, die die Massage erhält, kann sich einfach entspannen und loslassen, oder sie kann eine aktivere Rolle übernehmen und ihre eigenen Brüste oder andere Teile massieren.

Denken Sie immer daran, tief und kontinuierlich zu atmen, ohne die Atmung zu unterbrechen, und bleiben Sie immer entspannt. Einige Schulen empfehlen, dass die beiden sich so oft wie möglich in die Augen schauen sollten, um die Empfindungen und die Bindung zwischen dem Gebenden und dem Empfangenden zu verstärken und die Beziehung so aktiv wie möglich zu halten. Ich persönlich finde, dass der Gebende sich über den ersten Moment hinaus keine Gedanken darüber machen sollte, sondern seine ganze Aufmerksamkeit auf die Yoni richten sollte.

Die Empfängerin kann dem Geber natürlich mitteilen, welche Empfindungen sie wahrnimmt und wie die Massage auf sie wirkt. Sie kann ihm sagen, ob Druck, Geschwindigkeit, Weichheit, Tiefe usw. richtig sind oder wie er die einzelnen Variablen verändern, verstärken oder verringern kann. Es ist wichtig zu beachten, dass die Konversation, egal wie viel gesprochen wird, auf ein Minimum beschränkt werden sollte. Es sollten nur Themen angesprochen werden, die mit den angenehmen Empfindungen der Massage selbst zu tun haben. Der Fokus muss darauf bleiben, denn wenn er verloren geht, nehmen auch die Empfindungen und die Wirkung der Massage erheblich ab.

2º) KLITORIS-MASSAGE

Nachdem Sie mit den Lippen fertig sind, bewegen Sie sich langsam nach oben, bis Sie die Klitoris erreichen. Massieren Sie sie mit dem Daumen mit sanften und kontrollierten Bewegungen, zuerst von oben nach unten, dann mit seitlichen Bewegungen. Dann können Sie mit dem Zeige- oder Mittelfinger kreisende Bewegungen im und gegen den Uhrzeigersinn machen, wobei Sie von Zeit zu Zeit kleine Berührungen machen.

Sie können auch die Klitoris sanft zwischen Zeige- und Daumenfinger nehmen und sie leicht drücken.

Das wird sie zweifelsohne erregen, aber Sie müssen sie daran erinnern, entspannt zu bleiben und regelmäßig zu atmen. Die Stimulation der Klitoris kann bei Ihrer Partnerin eine ganze Reihe von Empfindungen auslösen, da sie mehr Nervenenden hat als jeder andere Körperteil.

3º) MASSAGE DER VAGINA

Wenn Sie ausreichend erregt sind, führen Sie den Mittelfinger Ihrer rechten Hand mit der Handfläche nach oben sanft in die Yoni ein. Bevor Sie das tun, was Ihnen vielleicht seltsam vorkommt, bitten Sie um Erlaubnis, eindringen zu dürfen. Dies ist eine Art, Respekt und Ehrfurcht zu zeigen.

In der tantrischen Tradition wird empfohlen, die rechte Hand zur Massage der Yoni zu verwenden. Denken Sie daran, dass dies in direktem Zusammenhang mit der Polarität steht und für das gewünschte Ergebnis von größter Bedeutung ist. Allerdings können Sie beide Hände benutzen, um die Intensität zu erhöhen oder den Rhythmus der Massage zu variieren.

Bewegen Sie Ihren Finger langsam in die Vagina hinein und wieder heraus. Erforschen und massieren Sie das Innere der Vagina mit viel Fingerspitzengefühl. Lassen Sie sich ruhig Zeit, es gibt keinen Grund, sich zu beeilen oder das Tempo wahnsinnig zu erhöhen. Variieren Sie die Geschwindigkeit, die Stärke, die Form und den Druck der Bewegungen.

Beginnen Sie langsam und gehen Sie dann zu einem kräftigeren Rhythmus über. Sie können verschiedene Rhythmen abwechseln, um das Vergnügen zu steigern. Achten Sie darauf, auf die Reaktionen Ihre Partnerin zu achten. Sie kann Ihnen Vorschläge für den bevorzugten Rhythmus machen.

Denken Sie immer daran, dass es sich um eine Massage handelt, bei der es in erster Linie darum geht, die Yoni zu nähren und zu entspannen. Wenn alles gut läuft, wird sie sich wohl und sicher fühlen.

Sobald Sie in der Vagina sind, stellen Sie sich vor, dass ihre Yoni wie eine Uhr ist, wobei der obere Teil, die Harnröhre und die Klitoris, auf 12 Uhr und der untere Teil, neben dem Damm, auf 6 Uhr steht. Beginnen Sie damit, die Innenwände mit kreisenden Bewegungen in beide Richtungen der Uhrzeiger zu massieren.

Der G-Punkt wäre bei 12:30 Uhr, in einer Tiefe von etwa 2 Fingergliedern. Wenn Sie die Spitzen von Zeige- und Herzfinger einführen, sollten Sie eine Art raues Kissen spüren, das sich durch eine andere Spannung und mehr Empfindlichkeit vom Rest abhebt. Wenn Ihre Partnerin Lust empfindet, ist alles in Ordnung. Andernfalls massieren Sie den Bereich sanft, aber tief mit den Zeige- und Herzfingern.

Drehen Sie Ihre Hand so, dass die Handfläche nach oben zeigt, wobei der Mittelfinger immer im Inneren der Yoni liegt. Bewegen Sie dann den Mittelfinger so, als würden Sie jemanden einladen, sich Ihnen zu nähern, und bringen Sie ihn aus der ausgestreckten Position in die Handfläche, wobei Sie ihn langsam und ohne zu viel Kraftaufwand biegen. Diese Bewegung sollte es Ihnen ermöglichen, einen Bereich schwammigen Gewebes direkt unter dem Beckenknochen und hinter der Klitoris zu lokalisieren. Dies ist der berühmte G-Punkt, der im Tantra als heiliger Punkt bekannt ist.

Es gibt viele hochwertige Bücher zu diesem Thema, die zuverlässige Informationen liefern können. Während der Massage kann Ihr Partner Lust, Schmerz, Harndrang usw. empfinden. Auch hier sollten Sie versuchen, die Art der Fingerbewegung sowie deren Geschwindigkeit, Druck und Rhythmus zu ändern. Sie können kreisende, lineare oder seitliche Bewegungen ausführen. Sie können auch den Finger neben dem mittleren einführen, aber immer mit dem Einverständnis Ihres Partners. Im Allgemeinen sollte dies kein Problem sein, und die Stimulation durch zwei Finger sollte für die Frau nur ein höheres Maß an Vergnügen und Erregung bedeuten. Lassen Sie sich wie immer Zeit, ohne zu drängen, und führen Sie alle Bewegungen sanft und vorsichtig aus, mit der größtmöglichen Sensibilität.

Gleichzeitig können Sie die Klitoris weiterhin mit dem Daumen der rechten Hand stimulieren.

Eine weitere Möglichkeit, die ebenfalls mit der zu massierenden Person abgesprochen werden sollte, besteht darin, den kleinen Finger der rechten Hand in ihren Anus einzuführen, während Sie die Massage wie angegeben fortsetzen. Wenn sie es wünscht, können Sie dies tun, aber Sie müssen sich darüber im Klaren sein, dass Sie diesen Finger nicht in ihre Vagina einführen werden, insbesondere nachdem er den Anus passiert hat. Außerdem müssen Sie bei der analen Stimulation Gleitmittel verwenden und noch sanfter sein als zuvor.

Im Tantra heißt es, wenn der Daumen auf der Klitoris, der Mittel- und der Ringfinger in der Yoni und der kleine Finger im Anus sind, steht man vor "der Feier eines der großen Geheimnisse des Universums in der Hand".

Während Sie all dies mit der rechten Hand tun, können Sie mit der linken Hand ihre Brüste, Hüften, Oberschenkel oder Klitoris massieren.

Wenn Sie sich für Letzteres entscheiden, legen Sie Ihre Hand am besten auf den Venushügel, massieren diesen Bereich mit der Handfläche und stimulieren die Klitoris nur mit dem Daumen, mit sanften Auf- und Abwärtsbewegungen. Diese doppelte Stimulation wird der Empfängerin zweifellos großes Vergnügen bereiten.

Es ist nicht empfehlenswert, die freie Hand zu benutzen, um sich selbst zu stimulieren, während Sie Ihren Partner stimulieren, da Sie sich dann nicht mehr darauf konzentrieren können, was Sie mit Ihrem Partner tun. Außerdem sollten Sie daran denken, dass es bei dieser Massage darum geht, ihr Vergnügen zu bereiten und ihr Raum zu geben, nicht sich selbst. Ein Großteil des Nutzens dieser Art von Massage besteht in der Aufmerksamkeit, die sie erhält.

Eine weitere sehr empfindliche Stelle ist die folgende: Drehen Sie Zeige- und Herzfinger horizontal und dehnen Sie die Öffnung von 3 bis 9 Uhr auf der imaginären Uhr. Schieben Sie die Finger zurück in Richtung Anus und zeichnen Sie dann langsam und fest einen Halbkreis von rechts nach links. Behalten Sie den

Rhythmus bei und stellen Sie sich vor, dass Sie die Muskeln, die die Rückseite der Yoni umgeben, glätten, wobei Sie sich auf die äußeren Muskeln konzentrieren. Es ist nicht notwendig, die Finger sehr tief einzuführen. Diese Streicheleinheit kann sehr anregend sein. Sie können die Finger weiter bis zum zweiten Fingerglied einführen. Machen Sie eine Pause, damit sich der Körper an die Dehnung gewöhnen kann. Fahren Sie mit demselben Verfahren fort.

Fahren Sie mit der Massage fort und probieren Sie verschiedene Stile, Bewegungen, Geschwindigkeiten und Druckstufen aus. Achten Sie dabei darauf, immer richtig und tief zu atmen und sich stets entspannt zu fühlen. Seien Sie freundlich und achtsam. Viele Frauen haben unter egoistischen Sexualpartnern gelitten, und Aufmerksamkeit kann ein mächtiger Balsam sein.

Bei der Stimulation im Inneren der Yoni können Sie in Richtung der Uhrzeiger fortfahren und die gesamte Vagina von außen bis zu einer Tiefe von 2 bis 3 Fingergliedern umrunden. Dort, wo sie sagt, dass es weh tut, massieren Sie sanft und lassen Sie sie das, was sie erlebt, in Form von Weinen, Halluzinationen, Lachen, Wut usw. äußern. Erinnern Sie sich an das, was im Abschnitt über das Loslassen des Zellgedächtnisses erklärt wurde.

Während der Massage können wir starke Emotionen loslassen. Der Wert, den dies für Sie hat, kann unermesslich sein. In Heilsitzungen,(die hier zwar nicht Teil des Kurses sind, aber erwähnt werden, um den Umfang der Yoni-Massage zu verdeutlichen, ermutigt der Therapeut die Frau, alles freizusetzen, ohne etwas zu unterdrücken, tief, aber ruhig zu atmen und sich vor allem mit nichts zu identifizieren. Alles, was sie wahrnimmt, ist nicht real, sondern eher Symbole, die später interpretiert werden müssen, oder traumatische Erfahrungen, die Teil der Vergangenheit sind und losgelassen werden müssen, um zu heilen. In einer Sitzung kann der Therapeut die ganze Yoni oder nur einen Teil davon behandeln - das spielt keine Rolle. Wichtig ist, dass die Frau nach der Katharsis, die sie durch die Evokationen erfährt, in jeder Sitzung ein wenig entspannter und ruhiger wird.

Wenn die Katharsis beendet ist, verlassen Sie sie und ermutigen sie, sich für eine Weile tief zu entspannen. Die Heilung braucht mindestens mehrere Sitzungen.

DAS ENDE

Die Quintessenz ist, dass ein Orgasmus während der Massage auftreten kann. In der Tat können mehrere Orgasmen auftreten, von denen einige intensiver sind als andere, was im Tantra als "Reiten auf der Welle" bekannt ist. Viele Frauen können durch die Yoni-Massage lernen, multiorgasmisch zu sein, wenn sie das Glück haben, einen engagierten und geduldigen Partner zu haben, der ihnen die volle Aufmerksamkeit schenkt, die sie brauchen und verdienen. Achten Sie in diesem Fall darauf, dass sie regelmäßig atmet, ohne dabei die Konzentration zu verlieren.

Während eines Orgasmus oder einer Massage kann eine Frau das Bedürfnis verspüren, zu urinieren. Dieses Gefühl kann in Wirklichkeit ein Ejakulationsdrang sein und ist leicht zu verwechseln. Die weibliche Ejakulation ist eine klare Flüssigkeit und kann mit Urin verwechselt werden. In der tantrischen Tradition gilt diese Ejakulation als heilig und wird als "Nektar des Lebens" bezeichnet. In klassischen Hindu-Texten wird Amrita als der Nektar der Götter beschrieben, der Unsterblichkeit garantiert.

Interessanterweise hat die Wissenschaft herausgefunden, dass sich unter den Substanzen der männlichen Ejakulation mehrere Stoffe mit hohem Nährwert befinden: spezifisches Prostata-Antigen, Kreatinin, ein Enzym namens Prostatic Acid Phosphatase (auch als PAP-Akronym für Prostatic Acid Phosphatase bekannt), Glukose und Fruktose.

Es ist wichtig, die Massage behutsam und nicht abrupt zu beenden. Fahren Sie mit der Massage fort, bis die Frau Sie bittet, aufzuhören. Wenn Sie aufgehört haben, ziehen Sie Ihre Finger sanft und vorsichtig aus dem Inneren der Yoni. Bedecken Sie nun ihre Yoni mit Ihrer Handfläche und spüren Sie die Wärme, die von ihrem Körper ausgeht. Sie können dabei ihre Hand mit der anderen Hand halten. Tun Sie alles mit großem Respekt und versuchen Sie, sie in keiner Weise zu stören. Lassen Sie sie an diesem Ort in Ruhe verweilen und genießen Sie, was die Yoni-Massage hinterlassen hat. Sie können sie auch umarmen und gemeinsam schweigend verweilen.

Wenn Sie die Yoni-Massage und andere tantrische Techniken beherrschen, wird Ihr Sexualleben immens bereichert und Sie werden viel über die weibliche Sexualität lernen, was für Ihr Leben als Paar von Vorteil sein wird.

LINGAM-MASSAGE

Das Ziel der Lingam-Massage ist es, einen Raum der Entspannung und Intimität für den Mann zu schaffen, damit er in einen Zustand hoher Stimulation eintreten und tiefe Lust in seinem Lingam erleben kann.

Die tantrische Lingam-Massage stärkt das Band der Intimität zwischen dem Paar und ist eine Möglichkeit, schlechte Erfahrungen im Zusammenhang mit Sex zu genießen und zu heilen. Im Gegensatz zur rein erotischen Massage sind Orgasmus und Ejakulation bei dieser Massage nicht das Ziel.

Das Wichtigste ist die im Wurzelchakra Muladhara erzeugte Energie, die, wenn sie richtig gehandhabt wird, das Paar in einen Zustand der Bewusstheit und Fülle führen kann, den die Yogis Samadhi nennen.

Für manche Männer kann es schwierig sein, sich bei einer Lingam-Massage zu entspannen, da sie eher daran gewöhnt sind, Massagen zu geben, als sie zu empfangen. Um mit der Massage zu beginnen, bitten Sie Ihren Partner, sich mit gespreizten Beinen hinzulegen und ein Kissen unter seine Hüften zu legen, um den Lingam-Bereich anzuheben. Legen Sie ein weiteres Kissen unter seinen Kopf, damit er seine Genitalien sehen kann

.

ERWARTUNGEN.

In der vorgeschlagenen Massage sollte vollständige Entspannung erreicht werden, und Stress sollte keine Rolle spielen. Das Ziel der Lingam-Massage ist nicht, eine Erektion oder einen Orgasmus zu erreichen, obwohl dies eine durchaus akzeptable und wünschenswerte Wirkung ist. In Wirklichkeit ist das Einzige, was mit dieser Technik angestrebt wird, die Fähigkeit, Freude zu bereiten und die Massage selbst zu genießen.

Auf diese Weise können sich beide Parteien entspannen und den Druck beiseite lassen, der die Notwendigkeit, einen sexuellen Höhepunkt zu erreichen, bedeuten kann. Es ist nicht so, dass der Orgasmus während der Massage etwas Negatives ist, vielmehr ist er ein zusätzlicher Bonus.

Tatsächlich ist der Orgasmus und die Erektion während einer Lingam-Massage in der Regel befriedigender, vollständiger, intensiver und angenehmer, eine wunderbare Erfahrung, die nicht verurteilt werden sollte.

Ist der Mann erst einmal von dem Ziel befreit, einen Orgasmus zu erreichen, und mit dem richtigen Training, verlängert sich das Vergnügen in dem, was als "Reiten auf der Welle" bezeichnet wird. Dies kann in einer Ejakulation gipfeln oder auch nicht.

Andererseits sollte die Person, die die Massage gibt, keine Gegenleistung erwarten, die über das Vergnügen des Gebens und des Teilens des Moments hinausgeht.

Nach der Massage kann es zu genitalen sexuellen Handlungen kommen, aber das sollte die Entscheidung der Person sein, die die Massage erhält, und nicht als eine Auferlegung oder eine Gegenleistung für "Gefallen" betrachtet werden.

Die Massage sollte aus Freude am Akt selbst erfolgen, nicht als Mittel, um weitere sexuelle Aktivitäten zu erreichen.

Diese Haltung öffnet den Geist für eine neue Art von Sexualität und schafft, wie ich bereits sagte, eine neue Ebene des Vertrauens und der Intimität in der Beziehung.

VORBEREITUNG.

Sie müssen die ideale Situation für die Massage vorbereiten, indem Sie alle Sinne einsetzen, um die richtige Atmosphäre zu schaffen. Dazu sollte der Raum entsprechend vorbereitet werden, in dem Sie die Massage durchführen werden.

Es empfiehlt sich, einen ruhigen Ort zu wählen und leise Musik, Kerzen, Kissen und gedämpftes Licht usw. zu verwenden. Kurz gesagt, ein Ort, an dem sich der Patient wohl und sicher, entspannt und in Kontakt mit sich selbst fühlen kann. Außerdem ist es empfehlenswert, vor der Massage ein Bad zu nehmen, da dies eine erste Entspannung sowohl für den Massierenden als auch für den Massierten darstellt. Auch die Hygiene ist sehr wichtig, um das Risiko einer Infektion zu vermeiden. Die Person, die die Massage erhält, muss besonders auf die Genitalhygiene achten. Die Person, die die Massage gibt, muss besonders auf die Nägel achten.

Eine Rasur der Schamhaare wird empfohlen, ist aber nicht zwingend erforderlich, da sie die Empfindlichkeit und das Vergnügen erhöht.

Der Prozess braucht Zeit, und diese Zeit sollte respektiert werden. Sie sollten die Massage nicht überstürzen, sondern ihr die Zeit geben, die sie braucht, um die gewünschte Wirkung zu erzielen. Natürlich sollten Sie jede Möglichkeit der Unterbrechung wie Telefonanrufe oder Personen, die an die Tür klopfen usw. Es ist auch ratsam, physiologische Bedürfnisse auszuschließen, denn in Wirklichkeit werden bessere Ergebnisse erzielt, wenn die Massage mit leerer Blase und Nieren durchgeführt wird. Sie müssen sich mit Ihrem Partner durch Körperkontakt, Umarmen, Halten und Streicheln in die Augen schauen oder auf eine andere

Art und Weise verbinden, die Sie in Ihrer Beziehung als am besten geeignet empfinden, um den oben beschriebenen warmen und sicheren Ort zu erreichen.

Es lohnt sich zu wiederholen, dass Sie beide so entspannt wie möglich sein sollten.

POSITIONIEREN.

Manche Männer, die eher daran gewöhnt sind, Massagen zu geben, als sie zu empfangen, könnten vielleicht Schwierigkeiten haben, sich während einer tantrischen Massage zu entspannen.

Der Mann sollte auf dem Rücken liegen, in einer bequemen Position auf einem Bett, auf dem Boden oder auf einer Matratze. Die Beine sollten gespreizt sein, und ein Kissen unter dem Kopf sowie eines unter den Hüften platziert werden, um den Bereich des Lingam anzuheben. Dadurch kann er den Bereich seiner Genitalien leicht betrachten.

Ein weiteres Kissen kann unter die Taille des männlichen Partners gelegt werden, vorzugsweise mit einem Handtuch oder ähnlichem Material bedeckt. Die Beine sollten gespreizt und die Knie leicht angewinkelt sein, so dass die Genitalien so weit wie möglich freigelegt sind.

Es ist ratsam, so viele Kissen wie nötig zu verwenden, um die Position so bequem wie möglich zu gestalten. Sie sollten zwischen den Beinen Ihres Partners sitzen, ebenfalls in einer bequemen Position mit gekreuzten Beinen, und auch auf einem Kissen oder einer Unterlage, oder wie auch immer Sie sich am wohlsten fühlen.

Wichtig ist, dass Sie eine Position einnehmen, in der Sie vollständigen und leichten Zugang zum Lingam und zu den anderen Körperteilen Ihres Partners haben.

ATMEN.

Bevor Sie beginnen, sollten sowohl der Gebende als auch der Empfangende einen tiefen, entspannenden Atemzug nehmen, um sich auf die bevorstehende Aufgabe vorzubereiten.

Es ist wichtig, dass Sie während der gesamten Massage einen tiefen, langsamen und völlig entspannten Atem beibehalten.

Daran sollte der Empfänger besonders erinnert werden, wenn er einmal nicht mehr richtig atmet oder Sie einmal ganz aufhören zu atmen. Tiefes Atmen ist von großer Bedeutung.

MASSAGE.

Beginnen Sie mit einer sanften Massage des gesamten Körpers, wobei Sie den Bereich des Lingam vorerst aussparen. So kann sich Ihr Partner vollständig entspannen und auf die Berührung des Lingam vorbereiten. Massieren Sie zu Beginn die Beine, den Bauch, die Oberschenkel und die Brust Ihres Partners sanft und weich, um ein entspannendes Vorspiel für den Moment zu schaffen, in dem Sie den Kontakt mit dem Lingam herstellen werden.

Tun Sie dies einige Minuten lang, ohne den Lingam tatsächlich zu berühren, obwohl Sie damit herumspielen können. Dies soll den Kreislauf anregen und die Sinne für Sinnlichkeit wecken.

Gießen Sie dann eine kleine Menge Öl auf den Lingam und die Hoden. Massieren Sie die Hoden sanft. Danach massieren Sie sanft den Bereich des Schambeins oberhalb des Lingam und anschließend den Bereich zwischen Hoden und Anus, den so genannten Perineum.

Die Lingam-Massage besteht aus drei Teilen: den Hoden, dem Penis oder Lingam und dem Damm.

Im Folgenden beschreibe ich einige Techniken, die Sie je nach Belieben abändern können.

Der Penis ist sehr elastisch und stark und kann eine Vielzahl von Dehnungs-, Drehungs- und Druckmanövern aushalten.

Es ist ratsam, die Massage in einer geordneten Abfolge durchzuführen und dabei zu bedenken, dass der Orgasmus nicht das primäre Ziel ist.

Während jeder Phase der Massage oder zwischen den einzelnen Strichen können Sie Ihrem Partner eine Pause gönnen, um sich zu entspannen, besonders wenn er zu erregt ist.

Es ist in Ordnung, wenn der Penis schlaff ist oder zwischen Erektion und Schlaffheit wechselt. Einige Techniken funktionieren sogar besser, wenn der Penis schlaff ist.

1º) HODENMASSAGE.

Nachdem Sie Gleitmittel auf den gesamten Bereich aufgetragen haben, heben Sie die Hoden mit der linken Hand sanft an.

Behalten Sie diese Position bei und massieren Sie die Hoden abwechselnd mit den Fingern und der Handfläche.

Drücken und strecken Sie sie sanft nach außen, ebenfalls sehr behutsam.

Wenn der Penis in dieser Phase erregt wird, halten Sie ihn sanft, ohne ihn durch irgendeine Bewegung zu stimulieren, und lassen Sie ihn ruhen.

2º) LINGAM-MASSAGE.

Während Sie die Hoden in einer Hand halten, kreisen Sie mit der anderen Hand um den Lingam und gleiten langsam von der Peniswurzel bis zur Eichel und dann in langen, sanften Strichen nach unten.

Hören Sie auf, wenn Sie das Gefühl haben, dass Ihr Partner zu erregt ist und möglicherweise ejakuliert. Wenn Sie den Damm in regelmäßigen Abständen massieren, kann er sich entspannen und die Ejakulation kontrollieren.

Wenn Ihr Partner ejakuliert oder der Penis schlaff wird, machen Sie sich keine Sorgen und setzen Sie die Massage fort, es sei denn, Ihr Partner bittet Sie, aufzuhören.

Greifen Sie mit der rechten Hand sanft in den Ansatz und wandern Sie den Schaft hinauf. Nehmen Sie dann Ihre Hand weg und wiederholen Sie den Vorgang mit der linken Hand.

Machen Sie das eine Weile, bevor Sie den Lingam von oben nehmen, am Schaft hinuntergleiten und den Vorgang mit der linken Hand wiederholen. Der Kopf des Lingam ist sehr empfindlich und verdient besondere Aufmerksamkeit. Massieren Sie mit einer Hand den Hodensack, die Hoden und den Damm.

Fahren Sie mit der anderen Hand vom Kopf des Lingams zur Eichel und verwenden Sie dabei weite und sanfte Bewegungen.

Schmieren Sie gut ein, verwenden Sie die ganze Hand und widmen Sie sich mit Leidenschaft. Atmen Sie tief durch und erlauben Sie sich, zu genießen.

Seien Sie kreativ und improvisieren Sie jede andere Bewegung. Lösen Sie sich von Ihren Blockaden und Tabus.

Denken Sie nicht darüber nach, was Sie machen sollen, projizieren Sie nichts. Bleiben Sie still, leer und spüren Sie jede Geste. Beobachten Sie, ohne zu urteilen.

Denken Sie daran, dass die Massage auch eine Form der Meditation ist. Geben Sie sich mit Leidenschaft hin!

Massieren Sie den Lingam mit kreisenden Bewegungen. Versuchen Sie, Ihren Partner kurz vor dem Orgasmus zu halten, aber ziehen Sie sich zurück, wenn er kurz davor ist.

Dies wird ihm helfen, seine Ejakulation zu kontrollieren und so mehr und lustvollere Orgasmen zu erreichen.

Es ist wichtig, nicht zu hetzen, sondern sich Zeit zu nehmen. Sie müssen sich entspannen und die Massage genießen, sonst hat sie keinen Sinn.

Das Massieren sollte sowohl für die Frau als auch für den Mann ein Vergnügen sein.

Die Person, die die Massage erhält, kann sich einfach entspannen und loslassen oder eine aktivere Rolle übernehmen und sich selbst massieren.

Denken Sie immer daran, tief und kontinuierlich zu atmen, ohne die Atmung zu unterbrechen, und bleiben Sie dabei immer entspannt und gelassen.

Der Empfänger kann dem Geber natürlich mitteilen, welche Empfindungen er empfindet und wie die Massage auf ihn wirkt, ob Druck, Geschwindigkeit, Weichheit, Tiefe usw. richtig sind oder wie die einzelnen Variablen verändert, verstärkt oder verringert werden können.

Wichtig ist jedoch, das Gespräch auf ein Minimum zu beschränken und nur Themen anzusprechen, die mit den angenehmen Empfindungen der Massage selbst zu tun haben.

Der Fokus sollte stets darauf bleiben, da bei Verlust auch die Empfindungen und die Wirkung der Massage erheblich abnehmen können.

Während Sie mit der Massage seines Lingam fortfahren, können Sie nach seinem heiligen Punkt Ausschau halten. Dieser befindet sich zwischen den Hoden und dem Anus. Es ist ein kleines Loch, etwa so groß wie eine Erbse.

Massieren Sie sanft und erhöhen Sie allmählich den Druck. Es kann sein, dass er sich anfangs etwas unwohl fühlt, aber dieser Druck wird ihm helfen, in Zukunft die Kontrolle über seine Orgasmen zu erlangen.

Wenn er kurz vor der Ejakulation steht, können Sie hier Druck ausüben, was die Intensität seines Orgasmus erhöht.

Denken Sie immer daran, dass es sich dabei um eine Massage handelt und die Hauptidee darin besteht, den Lingam zu nähren und zu entspannen.

Eine weitere Möglichkeit, um die Sie die massierte Person auch bitten können, ist das Einführen des kleinen Fingers der rechten Hand in den Anus, während Sie die Massage wie angegeben fortsetzen.

Dies sollten Sie jedoch nur tun, wenn Sie es wünschen. Verwenden Sie dabei Gleitmittel und seien Sie noch sanfter als zuvor.

Während Sie all dies mit der rechten Hand tun, massieren Sie mit der linken Hand sanft seine Brust, seine Hüften, seine Oberschenkel oder sogar den Lingam selbst. Entscheiden Sie sich für Letzteres, verwenden Sie am besten sanfte Auf- und Abwärtsbewegungen. Diese doppelte Stimulation wird Ihrem Partner zweifellos das meiste Vergnügen bereiten.

Achtung! Es ist nicht empfehlenswert, die freie Hand zu benutzen, um sich selbst zu stimulieren, während Sie gleichzeitig den Lingam Ihres Partners stimulieren. Dadurch könnten Sie zweifellos die Konzentration auf das verlieren, was Sie mit Ihrem Partner tun. Denken Sie auch daran, dass diese Massage dazu dient, ihm Vergnügen zu bereiten und ihm seinen eigenen Raum zu geben, nicht Ihnen selbst. Ein großer Teil des Nutzens dieser Art von Massage liegt in der Aufmerksamkeit, die Sie dem Empfänger schenken.

Fahren Sie mit der Massage fort und probieren Sie verschiedene Stile, Bewegungen, Geschwindigkeiten und Drücke aus. Halten Sie die aktive Verbindung aufrecht. Atmen Sie immer richtig, immer entspannt und tief. Seien Sie freundlich. Viele Männer haben unter völlig egoistischen Sexualpartnern gelitten, und die geschenkte Aufmerksamkeit kann ein starker Balsam sein.

Einige Manöver der Lingam-Massage sind folgende:

- Führen Sie eine Hand langsam, aber fest über den Lingam und ziehen Sie dabei an der Vorhaut, bis sie vollständig gedehnt ist. Halten Sie einige Sekunden und bewegen Sie die Hand nach oben, bis die Eichel wieder bedeckt ist. Wiederholen Sie dieses Manöver langsam und liebevoll mehrere Male.

- Legen Sie den Lingam auf seinen Bauch und streicheln Sie ihn, indem Sie mit beiden Händen hintereinander vom Hodensack zum Kopf hinfahren. Wechseln Sie mit reichlich Öl die Hände, erst die eine, dann die andere, kontinuierlich, wobei immer mindestens eine Hand in Kontakt mit dem Lingam bleibt.

- Halte die Basis des Lingam mit einer Hand und Daumen und Zeigefinger der anderen Hand an der Basis des Hodensacks. Drehen Sie den Körper des Lingam um seine Achse, während die Hand den Kopf in einer Aufwärtsbewegung erreicht. Verwenden Sie dafür reichlich Öl.

- Nehmen Sie den Lingam zwischen Ihre Handflächen und reiben Sie Ihre Hände von der Basis zum Kopf hin und her. Wiederholen Sie dies mehrmals.

- Legen Sie die Vorhaut sanft über die Eichel und massieren Sie sie. Führen Sie vorsichtig einen Finger unter die Vorhaut und drehen Sie ihn um die Eichel. Beachten Sie jedoch, dass nicht alle Männer dieses Vorgehen mögen.

3º) DAMMMASSAGE.

Der Damm befindet sich zwischen der Wurzel des Hodensacks und dem Anus. An einem bestimmten Punkt der Massage können Sie diesen Bereich einbeziehen. Halten Sie den Lingam nach oben und beginnen Sie die Massage an der Basis des Hodensacks.

- Drücken Sie mit den Spitzen der Mittelfinger in kleinen Kreisen tief auf die Basis der Wurzel, um die Prostata von außen zu stimulieren.

- Klopfen Sie sanft auf die Dammgegend.

- Ballen Sie die Faust und massieren Sie den Bereich mit den Fingerknöcheln tief. Achten Sie genau auf seine Reaktion, um den Druck anzupassen.

- Achten Sie genau auf seine Reaktion, um den Druck anzupassen.

Ein wichtiger Aspekt der Lingam-Massage besteht darin, sanfte Bewegungen auszuführen, die die sexuelle Energie auf andere Teile des Körpers und insbesondere auf das Herz lenken, wodurch der männliche Gefühlspol erweckt wird. Diese Bewegungen sollten zyklisch während der Massage mit der oben genannten Absicht wiederholt werden.

DAS ENDE

Es ist wahr, dass Orgasmen während der Massage auftreten können. Obwohl es nicht so häufig vorkommt wie bei Frauen, können multiple Orgasmen bei einem erfahrenen Mann auftreten, der in die so genannte Welle eintreten kann. Viele, die das nicht können, können es mit Hilfe einer erfahrenen tantrischen Masseurin lernen.

In diesem Fall müssen Sie darauf achten, dass Ihr Partner weiterhin regelmäßig atmet, ohne dabei die Konzentration zu verlieren. Selbst nachdem er einen Orgasmus erlebt und ejakuliert hat, massieren Sie den Lingam sanft weiter, bis er Sie bittet, aufzuhören. Sobald Sie aufgehört haben, entfernen Sie Ihre Hände mit großer Sanftheit und Zartheit vom Lingam. Führen Sie alles mit großem Respekt aus und versuchen Sie, ihn in keiner Weise zu stören. Lassen Sie ihn ruhig an seinem Platz ruhen und genießen Sie einfach, was die Lingam-Massage hinterlassen hat. Sie können ihn auch umarmen und einfach bei ihm bleiben.

Ich würde gerne Ihre Meinung hören!

ALS UNABHÄNGIGER AUTOR SCHÄTZE ich sehr Ihre Unterstützung und Ihr Feedback.

Jede erhaltene Rezension hilft nicht nur meinem Buch, mehr Leser zu erreichen, die sich für dieses Thema interessieren, sondern gibt mir auch die Möglichkeit, mich als Autor zu verbessern und zu wachsen, während ich mit großen Verlagen konkurriere.

Jede Rezension zählt und hat einen bedeuten den Einfluss auf mich; ich schätze und lese jede Einzelne aufrichtig.

https://www.amazon.de/review/create-review/?ie=UTF8&channel=glance-deta il&asin=B0D12SF4JK

Ich lade Sie herzlich dazu ein, nur 60 Sekunden zu investieren, um Ihre wertvolle Rezension auf Amazon zu hinterlassen, indem Sie diese einfachen Schritte befolgen:

- Öffnen Sie die Kamera auf Ihrem Telefon

- Richten Sie sie auf den untenstehenden QR-Code.

Bewerten und schreiben Sie eine Rezension über mein Buch.

Ihre Meinung ist einzigartig und unverzichtbar, um anderen Lesern zu helfen, dieses Buch zu entdecken, und um mich auf meinem Weg als unabhängiger Autor zu unterstützen.

Ich schätze aufrichtig die Zeit, die Sie sich nehmen, um Ihre Erfahrung mit dem Buch zu teilen, sowie Ihren Beitrag dazu, sicherzustellen, dass unabhängige Stimmen wie meine gehört werden. Vielen Dank für Ihre Unterstützung!"

ÜBER DEN AUTOR

Jesús Cediel verfügt über 30 Jahre Erfahrung in traditionellem Tantra und Neotantra, sexuellem Taoismus, Sexfulness. Sporttraining und Ernährung sowie Tui-Na-Massage, Shiatsu, Quiromassage, Sensitivmassage, Tantramassage, LMC-Technik (Liberation of Cellular Memory), Ayurveda und Sportmassage.

„Das wesentliche Ziel meiner Arbeit ist es, den Weg zu einem Bewusstseinszustand zu erleichtern, den Mystiker auf verschiedene Arten als Erleuchtung, Samadhi oder Moksha bezeichnet haben. Dieser Zustand ermöglicht es, das Leben in Fülle und Genuss im Hier (Raum) und Jetzt (Zeit) zu erleben.“

Weitere Informationen zu Präsenzkursen finden Sie unter: tantramadrid.es